Simone Hain · Stephan Stroux

Die Salons der Sozialisten

Kulturhäuser in der DDR

Fotoessay von Michael Schroedter

Ch. Links Verlag, Berlin

Herausgegeben von der Gesellschaft Hackesche Höfe e.V., vom Institut für Regionalentwicklung und Strukturplanung (IRS) e.V., Erkner,

und dem Bauhaus Dessau

Gefördert durch das Ministerium für Wissenschaft, Forschung und Kultur des Landes Brandenburg, die Kulturstiftung des Freistaates Sachsen, das Kultusministerium des Landes Mecklenburg-Vorpommern, das Kultusministerium des Landes Sachsen-Anhalt, das Thüringer Ministerium für Wissenschaft, Forschung und Kultur

Kulturhaus der MAS »Matyas Rakosi«, Murchin, 1952-1954, Wandfresko in der Klubgaststätte

Einband vorn: Kulturhaus der Maxhütte »Johannes R. Becher«, Unterwellenborn, 1952-1955, Portalansicht
Einband hinten: Kulturhaus, Zinnowitz, 1953-1957, Portal
Seite 1 Konzert- und Ballhaus »Neue Welt«, Zwickau, 1902-1903, Figurengruppe am rechten Bühnenrahmen
Seite 2/3 Festspielhaus Hellerau, Dresden-Hellerau, 1910-1912, Blick von der Zufahrt
Seite 4/5 Kulturpalast der Bergarbeiter, Chemnitz-Siegmar, 1949-1950
Seite 6/7 Kulturhaus »Martin Andersen Nexö«, Rüdersdorf, 1954-1956
Seite 8/9 Kulturhaus, Neuhaus, 1950-1953, Seitenansicht
Frontispiz Kulturhaus, Heringsdorf, 1948-1949, Musiksalon

1. Auflage, September 1996
© Christoph Links Verlag – LinksDruck GmbH
Zehdenicker Straße 1, 10119 Berlin, Telefon (030) 449 00 21

Bildnachweis siehe Seite 192

Die Deutsche Bibliothek – CIP-Einheitsaufnahme
Die Salons der Sozialisten: Kulturhäuser in der DDR / Hain; Schroedter; Stroux. - 1. Aufl. - Berlin: Links, 1996
ISBN 3-86153-118-6
NE: Hain, Simone; Schroedter, Michael; Stroux, Stephan

Lektorat: Alexander Kluy, Berlin
Gestaltung, Satz und Herstellung: Maja Thorn, Berlin
Printed in Europe

ISBN 3-86153-118-6

Inhalt

Thüringen 14

Stephan Stroux
Annäherung an ein unbekanntes Land 33

Simone Hain
Ausgraben und Erinnern 51

Sachsen 58

Sachsen-Anhalt 72

Simone Hain
**Die Salons der Sozialisten.
Geschichte und Gestalt der Kulturhäuser in der DDR** 89

Brandenburg 150

Mecklenburg-Vorpommern 162

Berlin 172

Kulturhausleuchten aus den fünfziger Jahren 178

Anhang
Dokumentation der im Farbteil vorgestellten Kulturhäuser 181

Weiterführende Literatur 188

Danksagung 189

Angaben zu den Autoren 190

Ortsregister 191

Bildnachweis 192

Thüringen

Kulturhaus der Maxhütte
»Johannes R. Becher«
Unterwellenborn
1952-1955

Stadthalle, Gotha Frontansicht
1823-1824 Saal

Kultur- und Sportstätte   Außenansicht
»Am Schwanenteich«   Saal (umgebaut 1967)
Mühlhausen, 1898

Volkshaus, Jena
1903
Saalempore

Frontansicht
Blick in den Saal

Festhalle, Ilmenau
1937-1938
Saalansicht

Klubhaus
»Klement Gottwald«,
Ruhla, 1949-1951

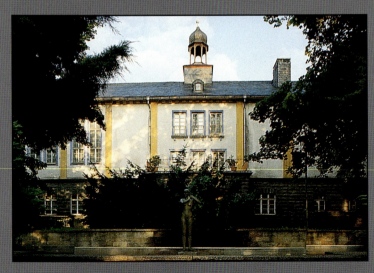

Kulturhaus, Bad Lobenstein
1952-1954
Rückansicht vom Park

Kulturhaus der Lederfabrik Außenansicht
Hirschberg, 1948-1949 Foyer (im Sanierungszustand 1994)

Kulturhaus der Maxhütte »Johannes R. Becher«
Unterwellenborn
1952-1955, Blick vom Park

Kulturhaus der Maxhütte »Johannes R. Becher«
Unterwellenborn
1952-1955

Kartusche mit Muse Melpomene
Ostseite

Kulturhaus der Maxhütte »Johannes R. Becher«
Unterwellenborn
1952-1955

Seminarraum
Treppenhaus zum Musiksalon

Hauptfoyer

Kulturhaus der Maxhütte »Johannes R. Becher«
Unterwellenborn
1952-1955, Saal mit Notbeleuchtung

Musiksalon
Restaurant im rechten Seitenflügel

Kulturhaus
»7. Oktober«, Suhl
1955-1957

Klubhaus der Lungen-
Heilstätte, Bad Berka
1954-1958

Klubhaus der Lungenheilstätte, Bad Berka, Obergeschoßsaal

Mehrzweckhalle
Leinefelde
1972-1974

Kulturhaus
Pfiffelbach
1989

Stadthalle, Gera
1979
Oberes Foyer

Stadthalle, Gera
Außenansicht

Stephan Stroux

Annäherung an ein unbekanntes Land

Die Lust, über die Theaterarbeit mit Schauspielern aus dem Osten das unbekannte Land kennenzulernen. *Marathon*, das Stück, eingebettet in einen Tangotanzmarathon, verlangt besondere Spielorte. Die Bühne zwischen den Zuschauern, die bekannten Schauspieler aus Ost-Berlin lassen Berührbarkeit zu.

Reise zu den Kulturhäusern. Die unterschiedlichen Räume werden zu Bühnenbildern. Michael Schroedter, der Fotograf aus dem Osten, dokumentiert die Räume und Häuser. Aus der Vorbereitung für das Theaterprojekt wird eine Entdeckungsreise, für den Regisseur aus dem Westen zur Entdeckung nachgelassener Wirklichkeit der DDR, der brutalen Eingriffe aus dem Westen, zur Entdeckung deutscher Geschichte, die weit zurückweist. Alles ist jetzt gemeinsame Wirklichkeit, nicht nur für den Fotografen-Ost und den Regisseur-West. Wert, es kennenzulernen, anzunehmen und damit umzugehen.

Der andere Teil des Landes – in dem ich nicht aufwuchs, der andere Blick. Die kurzen Eindrücke sind Aufforderung zum Nachschauen. Notizen. Sie stehen im Spannungsfeld zum Auge einer Kamera, staunend vor dem, was zu entdecken ist. Die Fotos sind die Reise, sind Momentaufnahmen von Geschichte, festgehalten nicht nur in sich selbst. Ursprünglich war das Ziel Theater, eine Aufführung, die Menschen anrührt und Häuser wieder öffentlicher macht, ihre Notwendigkeit betont als Orte der Gemeinschaft. Kultur statt Einkaufszentren und Konsum.

Der Theatermensch, immer nur von hier geblickt? Vorher war es München. Die Veränderung in Deutschland, dort lebt sie nicht. 1990 Arbeit in Namibia. Die alte Kolonie: Deutsch-Süd-West. Von Südafrika in die Unabhängigkeit entlassen. Die Anmaßung, als weißer Deutscher das große kulturelle Fest, »Theater«, zu ihrer Unabhängigkeit zu machen. Wie schafft man das? Ihnen ihre Geschichte zurückgeben, die man selbst nicht kennt? Die Entdeckung, daß »ihre Helden« durch den Kampf mit »meinem Land« zu Helden wurden. Ihre Unabhängigkeit und Identität zerstört, das Kaiserreich, die Illusion der Weltmacht.

Deutsche Geschichte aus dieser Distanz, deutsche Vereinigung. Das unbekannte Loch. Deshalb Berlin, nicht München. Nachschauen. Begreifen, wie sehr das Denken durch diese eine Welt bestimmt ist, neue Fragen stellen, die eigene Geschichte umschreiben – geht das? Der Plan: in Berlin, am Ort der einsehbaren Widersprüche leben. Arbeiten in beiden Teilen, sich aussetzen, zumindest in sich selbst die Widersprüche aufspüren. So kommt es zu der Frage: wenn Theater, welches Stück? In Namibia war es klar, das Wiederfinden der Geschichte in der Gegenwart. Und jetzt im Osten? Einen Text schreiben, den man nicht schreiben kann, der nicht zu schreiben ist. Der weiße Fleck, die unbekannte Landkarte. Wie kann ich Bekanntschaft machen, wie anfangen zu ahnen: herankommen an die Menschen? Mit Theater? Glaubwürdig träumen. Welcher Text wagt es zu behaupten, daß die Menschen ihn auch wollen und er mir hilft in meiner Neugier ... Die leeren Straßen in so vielen Orten, die Satellitenschüsseln, die Unendlichkeit des Fernsehens, Fernsehens. Kann ich durch diese Schüsseln –

Kulturpalast
»Otto Grotewohl«,
Böhlen
1949-1952, Rechtes
Seitenfoyer

umgedreht – die Menschen finden, die auf den Straßen fehlen? Die Künstlichkeit der Game shows, *Der Preis ist heiß*; in meinem Kopf verbinden sich die leeren, von Menschen leergeräumten Fabriken, die Hallen, die schon weggerosteten Rohre, Technik, Schrott mit Fernsehfröhlichkeit; die verlorene Hoffnung, angerührt in diesen Schüsseln, Vorlauf aller Einkaufszentren.

Marathon. Vielleicht ist dies das Stück, das diesen Nerv trifft? Das unterhält wie ein Sechstagerennen mit Tango bis zum Umfallen. *Marathon*, von einem Argentinier, Ricardo Monti, aufgeschrieben. Wie in den USA zur Zeit der Depression, man tanzt so lange, bis nur ein Paar übrigbleibt. Das gewinnt den Preis. Siegen ist nur möglich, wenn die andern umfallen. Ein Bild für Wettbewerb, für eine Welt, in der nur der Sieger zählt. Einziger Weg, die Träume zu erfüllen: nach deren Regeln spielen. Die Geschichten der Figuren, in Buenos Aires, doch unendlich nah, der Umweg macht die Nähe möglich. Faszination des Tangos. Wie ich hörte, meiden Menschen Wirklichkeit, Fernsehhöhlenmenschen. Vielleicht die Chance, sie dort wegzuholen, wenn sie in diesem *Marathon* bekannte Schauspieler und die Erinnerung an ihre Vorgeschichte treffen können. Die Unterhaltung: sich amüsieren über Tanz bis zur Erschöpfung, sich amüsieren über Lächerliches, das der Conférencier aus den Biographien der Figuren kratzt. Die Tänzer können sich nicht wehren, wenn sie die Hoffnung auf den Preis behalten wollen. Entdecken, daß diese »lächerlichen« Menschen denen ähneln, die sich zu Hause vor dem Fernsehapparat verbergen. Auch entdecken, daß dahinter kostbare Menschen sind. So lacht man aus, fühlt schockiert die Nähe, läßt sich verführen von dem Tango und findet Werte in Figuren, die Mut zu sich selber machen.

Auf der Suche nach dem Spielort »Ballsaal« die Entdeckung: das Kulturhaus. Ein Phänomen, mir nicht bekannt. Kultur in einem Haus verdichtet. Sehr schnell wuchs das Wissen über notwendigen Lebensraum, aber auch über die Begegnung mit den Vorurteilen aus dem Westen.

Vereinigung, die neue Unabhängigkeit. Kulturvergessen geht es nur ums Geld. Doch wenn Biographien ihren Wert verlieren, der Verlust der Arbeit nur noch Angst auslöst, hätte dann Kultur nicht eine viel grundsätzlichere Bedeutung? Und wie die beiden Teile aneinanderschweißen? Viele Kulturhäuser wurden dichtgemacht, wurden Möbelmärkte, Schnäppchenhallen, der Ramsch als Vorläufer der großen Einkaufszentren. So entstand der Plan, gerade dort zu arbeiten. Über 100 Orte und Kulturhäuser haben wir besucht. Wir? Ich kannte nichts. Durch Freunde traf ich den Fotografen aus dem Osten, der schon immer reiste, der in der DDR als Fotograf freischaffend, unabhängig war. Verblüffend die Geschichten, die er wußte. Im Theater zählen nur Geschichten. Er kannte sie. Wir brauchten 35 Orte. Wir mußten Menschen überzeugen, die geplante Aufführung auch einzuladen und einen Teil des Risikos zu tragen. Mehr als 100 Städte haben wir besucht. Zuerst war es für ihn befremdend, die Neugier aus dem Westen, die Entdeckerlust an dem, was für ihn Alltag war: Jugendweihe, Versammlungen, Feste, Kulturveranstaltungen, viel Mist, Langeweile. Aber Teil des Lebens – plötzlich die Entdeckung: Architektur. Kulturhäuser als Lebensräume sehr verschiedener gesellschaftlicher Wirklichkeit.

Er hätte es allein wohl nicht gesucht, dies Thema. Die Häuser kamen fast zu nah der eigenen Geschichte. Die Neugier aus dem Westen hat ihn – vielleicht – das Selbstverständliche neu erleben lassen. Und ich? – Durch seine Augen konnte ich das, was ich nicht selber sah, entdecken. Der Fotograf als Dolmetscher. Der Blickwinkel der Kamera war, was ihn interessierte, die Mischung aus Erinnerung und Profession. Mir fehlte die Erinnerung. Meine Bilder, natürlich oberflächlich. Drei Stunden oder etwas länger an einem Ort, die Fahrten durch die wunderschöne Landschaft, stillgelegte Fabriken, grau und öde, wie befürchtet, aber unvorstellbar anders, das Essen jeder Gegend, das Bier, die Menschen, wie sie aussehen, ihre Kleidung. Augen in oft ungesunden Körpern, anders, unendlich fremd, die gleiche Sprache scheinbar. Zwischen Traum und Aufführung und dem, was möglich ist, zerrissen. Der Wunsch, sie zu begeistern, zu überzeugen von *Marathon*. Entscheidend war es, ihnen zuzuhören. Das war der Schlüssel, ihr Kulturhaus auf Bildern festhalten zu dürfen. Was bleibt? Zwei Jahre später? Welche Erinnerungen? Die Genauigkeit des nächsten Tages ist verschwunden. Was bleibt – Klischees? Was habe ich gesehen und erlebt? Wird aus den so unterschiedlichen Momentaufnahmen noch ein Bild? Die Frage taucht zögernd auf zu einem Zeitpunkt, wo die Lust der Menschen, einander kennenzulernen, auf beiden Seiten abnimmt. Was können wir erfahren voneinander?

In Binz auf Rügen gezeugt, im Schwarzwald, Bad Peterstal, »zur Welt« gekommen, sechzehn Stunden nach der Befreiung durch die Franzosen: zwei Orte, zwei Versuche, Berliner Bombennächten zu entfliehen, Ost-West-Mischung. Was wäre, wenn ich heute den Westen zu entdecken hätte?

Rüdersdorf
100 Jahre Zement. 100 Jahre Rüdersdorf. Ein Schauspieler las das Gedicht zum Jubiläum. 1986? Ja? Na klar. Der Schauspieler ist überall. Gerühmt als Rezitator. Unabhängigkeit? Der Künstler ist frei. Von Politik. Dachten wir schon manchmal. Die reale Angst: anständig leben wollen, Geld verdienen. Wo ist der Unterschied zum Westen? Gedichte für die Salons der Industrie. Früher noch politisch. '68 und die Sehnsucht, sich verantwortlich zu fühlen und zu handeln. Heute? Affen von Sponsoren. Ich bin nicht frei davon. Und dann: Unsterblichkeit durch den täglichen Beweis: Du wirst geliebt. Die Notwendigkeit Theater. Kein Unterschied: Wenn ich Zement lobe, lebe ich. Ein dummer Witz. »... kaum ein Bau in Berlin dürfte ohne Rüdersdorfer Kalk entstanden sein.« Das Brandenburger Tor: 700 Kubikmeter Kalkstein, das Berliner Schloß, die Terrassen von Sanssouci und das Olympiastadion. Rüdersdorf, Baustoffmuseumspark. »Rüdersdorfer Öfen«.

Die Kathedrale des Kalks. Erlebniszementwerk. Blick von der Autobahn – Berliner Ring, Ausfahrt Rüdersdorf, dieser Tempel im Habsburger Gelb. Fünfziger Jahre. Sozialistische Götterverehrung? Wer borgt sich da die Sicherheit der Geschichte? Die Zeit hat den Tempel des Zements eingeholt. Kampf um die Existenz. Die Verantwortliche der Stadt ist in das Kulturhaus gezogen mit ihrem Büro. Vor Ort Koalitionen bilden. Lokalpolitiker, die sich engagieren. Verwirrung nach der Vereinigung. Die »Wende«, ein gräßliches Wort. Im Schwimmen, sagte mir jemand im Osten, heißt Wende geradeaus weiterschwimmen. Das Kulturhaus der Zementwerker – brauchen Arbeiter im Kapitalismus Kultur? Natürlich wurde ein Profi aus dem Westen als Kulturhausleiter engagiert. Ein Betrüger, wie oft denke ich an die Geschichte von Kruge-Gersdorf – der Mörder, der sitzt noch, es wurde vergessen, nach dem polizeilichen Führungszeugnis zu fragen – oder Bitterfeld: Da waren schon mehrere, fast möchte man sagen: Generationen am Werk, die Wendekünstlerbetrüger oder nur Opportunisten, geschickt, aber der Schaden, der bleibt. Wer unterscheidet den wirklich Bemühten von dem Glücksritter, der alles verspricht? Wir waren da, als gerade kein Schnäppchenmarkt die weitere Existenz sichern mußte. Karneval für Rentner in Plessa, Weihnachten für Einsame in Zementrüdersdorf. Ein wunderschöner Raum, Weihnachtsdekoration. Fünfziger Jahre innen, Tempel außen. Aber die wirklichen Innereien, die Erinnerungen, hier gab es sie noch. Geschützte, heimlich geschützte Geschichte. Im Keller das Großfoto von Erich. Diese Version ist nur schwarz-weiß und wurde deshalb nicht akzeptiert. Die Kommission, ich träume mir Shakespeare, eine Gruppe Malvolios. Das Foto – Mensch Erich – liegt auf der Seite, hinter Gittern, ja fast schon symbolisch, alles hat man vorher gewußt, nicht gezeigt. Das dann offiziell beglaubigte Farbfoto, das ist verschwunden. Aber der Keller. Der Reichtum seiner Geheimnisse. Das Kulturhaus. Eröffnungsfotos. Natürlich kommt die 100-Jahrfeier dagegen nicht an, entschuldige Peter B., die Fünfziger-Jahre-Mädels, frivol, hey, da ging die Post ab, wildes Leben in Zementrüdersdorf, auch das kein Zynismus, sondern Lust an der Zeit. Die sozialistischen Tiller Girls, das trockene Material, Aufbau bei so vielen sozialistischen Dichtern, Theaterstücke, das fordert den Gegensatz, den Beweis Leben. Na ja, ja, und jetzt wieder Zement. Die hundert Jahre schon längst überschritten, Peter, das nächste Gedicht, über Schnäppchen? Verkauf? Oder Arbeit? Immer noch weiter Zement für den Aufbau? Ballettmädels, etwas frivol, oder Disco? Vergiß nicht die neuen Honoratioren. Noch Gastspiele vom Deutschen Theater? Oder hat sich diese Kulturpflicht auch überholt? Na ja, die Arbeiter ... Erlebniszement, vielleicht ein Zoo aus Beton, dein langes Gedicht, eine Hymne, schon längst Disneyland, Träume aus Beton, wie liebe ich diese Bilder der einsamen Weihnachtsfeier-Menschen. Das immerhin muß man sehen.

Seelow

Die Schlacht. Die Schlacht auf den Seelower Höhen 1945. Der Weltkrieg und kein Ende. Oder doch? Entscheidungsschlacht um Berlin. Wie viele Entscheidungsschlachten gab es? Denkmäler, ich habe sie nicht, noch nicht gesehen. Kriegsdenkmäler. Sieg oder Niederlage. Ich scheue vor den unsinnig Toten. Das Kulturhaus. Natürlich fünfziger Jahre, neo-, neo-, neoklassizistisch, außen. Innen auch, aber schon in Besitz genommen. Wieder ein Disco-Unternehmer, der ein Kulturhaus rettet. Obligatorisch die weißen Plastikstühle. Das ist die Einheit. Diese weißen Plastikgartendiscostühle, sie machen die Augen auf beiden Seiten blind.

Peggy B., Kulturhausleiterin. Meine Sinne sind nicht daran gewöhnt. Sie hat in Meißen studiert. Den Beruf Kulturhausleiterin. In Meißen, auch eine Stadt, die zerfiel, es war eine langweilige Stadt für Studenten, sagt sie. Wie studiert man Kulturhausleiterin? Eigentlich hatte sie keine Lust. Oder was habe ich falsch verstanden? Kultur? War ihr nicht so nah. Angst vor dem Unbekannten. Sie verteidigt diese Bastion Kulturhaus, mit ihrer Unsicherheit. Verletzbar. Viel näher vielleicht dem, was andere so sicher zu wissen behaupten.

Sozialistische Aufgabenverteilung. Verantwortungsschlacht. Wer wurde Kulturhausleiter? Verdiente Offiziere, abgeschoben, die eine Stellung brauchten. Das war vorher. Dann diese Generation der Ausgebildeten, der Verantwortungsvorbereiteten. Verwaltung Kultur-Ost. So erlebe ich es. Es sind Menschen, die größere Wege zurücklegen, mutiger auch und voll Widerstandskraft, anders als viele, die sich so selbstsicher wähnen in ihrem Kulturbett. Jeden Tag verteidigt sie, müde von Kompromissen, ihr Kulturhaus, auch gegen die Disco. Der Landrat, die Politik profilieren sich mit neuen Projekten. Noch steht es. Mit der merkwürdigen Skulptur davor, ein schwarzer Körper in Bronze, die schreitende Frau mit dem Korb, »Erntehelferin« heißt sie. Ernte? Seelower Höhen? Leichentourismus. Kulturhausnotwendigkeit dagegengesetzt. Tägliche Bemühung. Oder irgendwann Sommertheater auf einem Schlachtfeld?

Küstrin-Kietz

Die Draisine. Eine Draisine ist die Eisenbahn, bei der Muskeln die Kohle ersetzen. Es gibt sie in Küstrin-Kietz, noch. Charlie Chaplin an der deutsch-polnischen Grenze.

Der große, schwere Mann, Joachim W., seit 1949 Direktor im Bahnhof, jetzt pensioniert, doch seine Tochter, Astrid O., verwaltet die einsam gewordenen Gleise. Ende der Bundesstraße 1, von Aachen nach Königsberg. Verkehrsknotenpunkt. Kaum Menschen. Das Haus der Eisenbahner. Hier war die Schleuse, die Eisenbahnkreuzung, über die die Industrieanlagen der Ostzone, später DDR, abtransportiert wurden als Reparationszahlung, als Wiedergutmachung für die Schäden des Kriegs, ab in die Sowjetunion. Die Eisenbahner mußten schlafen auf dem Weg nach Rußland. Als wir dort waren, schliefen nur die Herrschaftsfotos, die Symbole alter Macht. Der Fotograf fand sie, vom Staub begraben, auf dem Dachboden. Haus der Eisenbahner, leer heute, Attraktion allein die Draisine. Verlassene Baracken auf der Insel mitten in der Oder: die russische Armee, zerfallende Spuren ihres Siegs.

Küstrin-Kietz. Die Festung. Katte. Die Sehnsucht von Friedrich. Hier wurde er diszipliniert. Deutsche Erziehung. Arschficken ist nicht erlaubt. Den Sohn zu zwingen wird der Freund erschossen, enthauptet, gemeint ist der Sohn. Dichter hat es bewegt, Heiner Müller hat sein *Leben Gundlings* geschrieben zur Erkennung des Eigenen, das man nicht los wird. Hermann von Katte. »Mit offenen Augen den Tod des Freundes erleben müssen«, das ist Erziehung.

Küstrin-Kietz, deutsche Geschichte zwischen Friedrich II. und Zahlung der Reparation. Bleibt ein kleiner Ort, viele Gleise, die Grenze, die Draisine, Attraktion für Touristen, vielleicht irgendwann.

Plessa
Bis zum 1. Mai 1993 ging es um Braunkohle. Das Kulturhaus, in den fünfziger Jahren gebaut. Der Karneval mit den Alten. Rentner. Die Stühle seltsam aus der Zeit gerückt, wie die Gesichter. »Aliwatschi – heu heu heu«. Der eigene Karnevalsruf. Erinnert er an die Sorben? Auf jeden Fall spannender als Düsseldorfer »Helau« oder »Kölle Alaaf«. Ungefähr 3.200 Einwohner, über 40 Wagen beim Rosenmontagszug. 39 Jahre Tradition. Kohlegebiet. Die Nähe von Kohle zu Karneval. Eine andere Lust als rheinischer Frohsinn. Hier ist kein katholisches Land. Ein Ventil gegen die Herrscher? Hier hat es einen anderen Geruch. Im Rheinland das Brechen aller Tabus, die Geburtenrate neun Monate später ... Alles erlaubt, was sonst nicht sein darf. Welchen Sinn macht es hier?

Hier wurde 1924 die erste Abraumförderbrücke erfunden, Ernst von Delius, der Sohn des Erfinders, starb 1957 als Rennfahrer auf dem Nürburgring – erzählt uns jemand stolz, das Blasorchester, der Männerchor, seit der Vereinigung gibt es den Frauenchor.

Historische Landschaft der Braunkohle. Der Geruch ist verschwunden. Überall leerstehende Kokereien. Vier Kilometer entfernt vom Kulturhaus noch der alte, »gemauerte« Förderturm. Lange Kämpfe um das Kulturhaus. Kann die Stadt es sich noch leisten? Aber der Ort der Zusammenkunft, die Erweiterung der beschränkten Wohnungsverhältnisse? Der Karneval, die Alten – überflüssig? Landschaft, Braunkohlelandschaft. Wüste aus umgegrabener Erde. Künstliche Seen. Wieder aufgefüllter Abraum. Horizontweit. Ein Meer aus Erde. Unruhige See. Wie zwischen Leipzig und Chemnitz. Schwarze Erde. Briketts. Verlassene Kokereien. Verwüstete Landschaft. Erinnerung an den Geruch.

Parchim
Eigentlich sollte es Mestlin sein, dieser merkwürdige Ort, ein Kulturhaus, in das fast 2.000 Menschen hineinpaßten, viel mehr als in dem Ort wohnen. Das Musterdorf: Zentrum der Agrarkultur. Die enttäuschte Erwartung. Doch müssen wir erst noch an Parchim vorbei. Das Dreieick: Parchim – Schwerin – Mestlin.

Joachim B., Hausmeister in Parchim, haben wir ihn richtig verstanden? Lügt er? Ist es wahr? Dann gab es doch Spezialtruppen im Osten, die West-Berlin in zwanzig Minuten einnehmen konnten. Neun Jahre lang war er einsatzbereit. Zeit, zehn Minuten. Seit '59. »Nicht der israelische Geheimdienst oder der englische waren die besten, die DDR hatte alles im Griff, nix mit Rauschgift und der vierfache Sperrgürtel.« Auch hier eine Wolfsschanze. »Die wirklichen Kommunisten haben sie umgebracht!« Er war so kühn, in Westklamotten zu gehen. Immer wieder zieht er uns auf die Seite, weiht uns ein in Geheimnisse. Der falsche Kumpel, der Verräter. Warum nimmt er mich immer am Arm und flüstert verstohlen? Ist das die Stimmung, neun Jahre bereit zum Alarm und zum Einmarsch? Neun Jahre lang Sieger im Anlauf. Und er flüstert und zieht mich wieder am Arm.

Mestlin

Dann doch Mestlin. Ein Palast für die Landwirtschaft. Erinnerung an Unterwellenborn, den Tempel für Erz, an Bitterfeld, den Palast für Chemie. Und hier? Falsch, kein Palast, ein breiter Hintern in der Landschaft, quergestellt, ein überdimensionierter Gutshof, dem die Seitenteile fehlen, auch das nicht, der Platz davor ist ja da. Leer, ein einsames Westauto parkt an der Seite, »Second-hand Toyota«. Ich stelle mir Landwirtschaft vor. Verschmutzte Trecker, Heuwagen, Mähdrescher, Schweine, Rinder, Menschen mit Erde, durch die Arbeit geprägt. Der Wind ist sehr norddeutsch. Der Platz leer, seltsam aufgeräumt. Ich sehe mehr Menschen, weil er so leer ist. Einhundert Menschen haben in dem Kulturhaus gearbeitet. Aus allen Teilen Mecklenburg-Vorpommerns sind die in der Landwirtschaft Arbeitenden hierher gekommen. Was hat sie bewegt, welche Faszination oder Pflicht hat sie hierher gebracht? Wir gehen ins Haus, an dem Toyota vorbei, wieder einmal entern wir ein Schloß über die Hintertür, auch ein Zeichen der Zeit: Haupteingänge geschlossen, oft zugenagelt. Der kalte Schweiß vom Morgen danach, die Kneipe, schwarze Wände, Lichtorgeln auch ohne Menschen, die Disco für zwei- bis viertausend, das Haus vom Westen erobert, auf die Lust abgerichtet. Die Wochenendtänzer, das bringt Profit. Nicht die Erhaltung der Bausubstanz ist das Ziel, notdürftig hergerichtet, so daß es aussieht als ob. Es ist still, der Elektriker wechselt die ausgefallenen Glühlampen, kalten Schweiß gibt es genug und den Staub. Wenn die Musik wieder dröhnt, wird es vergessen: schnell Kohle machen. Kriegsgewinnler der friedlichen Wende. Früher Landwirtschaft. Kulturhaus. LPG.

Trinwillershagen

Zwischen Rostock und Stralsund. Zuerst hat der berühmte Schauspieler mir davon erzählt, eine LPG mit kapitalistischem Erfolg. Der Leiter erfüllte nicht nur die Sollvorgaben, das Mehrerwirtschaftete durfte frei auf den Markt. Er verkaufte nach England. Von der Schweinemast bis zur Konservenbüchse. Die gerühmte Erfindung: Schweinemist als Nährboden für Champignons. Ein perfekter Kreislauf mitten auf dem Land. Der Kontakt zu England brachte den verrückten Einfall, den Bedarf: ein englisches Teehaus im Zentrum der LPG. Selbstverständlich auch ein Flugplatz. Der berühmte Schauspieler erinnert sich gerne, es war ein beliebter Drehort für so viele Filme. Heute? LPG in Liquidation. Nicht nur Industrieanlagen können stillgelegt werden, auch Schweine. Das Kulturhaus für tausend und mehr. Wieder ein »erstes sozialistisches Dorf«. Und Genosse Ulbricht war Pate. Das Kulturhaus, leer, natürlich. Die Gaststätte. Wir sind nicht die einzigen an diesem Abend. Lustvolles Essen, überraschend gut. Die Mutter des Kellners hat früher auf dem Schloß gekocht. Gleich in der Nähe. Schloß Schlemmin. Der Name sagt alles. Riesiges Jagdgebiet, Staatsjagd, Harry Tisch, Egon Krenz waren zeitweise Schloßherren, eine erlauchte Gegend, selbst die Tiere fühlten die Ehre der Jagd. Die Mutter kann kochen. Statt einer Nachspeise – es war schon spät, das Kulturhaus bleibt geschlossen, der Schlüssel liegt beim Liquidator in Schwerin – der Blick aus dem »Bildwerferraum«. Das kleine Fenster, eine Schreibtischlampe paßt hindurch, wirft Licht. Ahnung eines riesigen Festsaals. Merkwürdiger Projektionsraum, da hängen noch Drähte, Mengen von Drähten im Putz. Gleich nach der Einheit verschwand die technische Installation. Die Drähte vergaß man. Zeugen der Bedeutung dieses Orts, von Versammlungen und gegenseitigem »Nicht-Trauen«. In der Erinnerung der Menschen bleiben die Feste. Und Kultur für die Insel auf dem Land. LPG in Liquidation, welch ein Wort.

Stendal – Tangermünde – Tangerhütte
Wieder ein magisches Dreieck, zwischen Stendal, Tangermünde, dem Rotenburg ob der Elbe, und Tangerhütte, der früheren Kreisstadt. Tangerhütte, früher gab es die Eisenhütte, jetzt gibt es nur noch das ehemalige Schützenhaus, das spätere Kulturhaus. Anfang dieses Jahrhunderts gebaut. Die Decke gewölbt, aus Holz, die verspiegelten Säulen, wie ein Schiff, eine Holzjacht für 500 Gäste an Tischen. Nur erkennt man es nicht, das alte Haus wurde 1977 zur Straße hin modernisiert, Horror der siebziger Jahre, funktional wie im Westen. Wenn man durch diese mißverstandene Zone hindurch ist – ein Traum.

Stendal. Das Reichsbahnausbesserungswerk, RAW, um bei den Abkürzungen zu bleiben, verkürzte Sprache, mich wundert diese Vorliebe, Sprache zu kürzen, verkürzte Menschen. VEB-Sprache. RAW. Die Schutzmechanismen hören nicht auf, wer darf das Gelände betreten. Ihr Kulturhaus, das Kulturhaus der Stadt, der protzige Neubau noch unfertig. Von Pförtner zu Pförtner. Mißtrauen: Sind Sie von der Presse?! – RAW. 700 Lehrlinge? Die jetzt nach ihrem »Bedarf« suchen, zum Arbeitsamt müssen, vor dem Beruf schon umgeschult werden. Der mißtrauische Blick hat Geschichte: Was wollen wir Böses? Im Saal dann, endlich nach dieser Anstrengung an Selbstschutz, die Erwartung so groß, daß der Aufprall auf Banalität nur noch Komik auslöst. Der Saal, etwas mickrig und traurig, wird gerade geschmückt, Karneval in Rio-Stendal, an jeder Lampe drei Luftballons, zwei runde an der Seite, ein langer in der Mitte, wie dies berühmte Graffito, das, weiß man, war säuisch. Hier keine Ahnung davon. Der Kittel der Frauen, wie dienstverpflichtet, immer noch DDR, kurz und schonende Plastik, weit entfernt von Erotik. Oder war das Kruge-Gersdorf?

Im Raum noch das Extra-Podest, es ist unglaublich, in diesem Saal hat das Bundesverfassungsgericht getagt! Der Streit der Kommunen, die Städte gegen das Energiemonopol, Wortführer Stendal. Dürfen sie in eigener Regie ihren Energiebedarf decken? Die Städte haben geklagt und gewonnen, unabhängiger Osten, die Stromgiganten haben verloren, aber nur einen kleinen Teil des Monopols.

Weiter nach Tangermünde. Rotenburg ob der Elbe, wie sie es nennen. Noch nicht so putzig, aber es wird schon heftig um die Historie gekämpft, um schöne Fassaden, an der Elbe, dort wo die alte Furt war, ist jetzt eine Brücke. Die Stadt unglaublich schön, klar. Das »Hünerdorf«, Tangermündes alte Burgvorstadt, 1456 vom Rat gekauft, heißt es in den *Heimat-Notizen*. Jeden zweiten Monat erscheint diese Broschüre. Darin das Gedicht »Trost«: »Unsterblich duften die Linden« – der Rest Werbung. Öffnungszeiten der Ämter. Das Theater der Altmark Stendal lädt ein zum *Weißen Rößl*. Die 1000jährige Kaiserstadt. Kaiser Karl IV. baute die Tangermünder Burg zur Nebenresidenz des Hradschin in Prag aus, das muß man wissen. Stadtmauer, Stadttore, fast vollständig! Fachwerk- und Backsteinbauten, das Drei-Sterne-Hotel »Schwarzer Adler«. Noch gibt es Kneipen, glücklicherweise, auch in Fachwerk, mit mieser Currywurst. Wunderbarer Geschmack aus der Vorzeit, sympathisch fast. Noch nicht an Touristen gemästete Einheimische: Angst vor der Boutique in den historischen Mauern, Geschichte als Disneyland, es geht nur ums Geld. »Für Liebhaber von Kirchen ist der Besuch der St. Stephanskirche im Stadtkern ein ›Muß‹. Der Turm der spätgotischen Hallenkirche reicht 96 Meter in die Höhe und ist eines der Wahrzeichen von Tangermünde.« Und dann erst das Rathaus, 15. Jahrhundert ...

Wolfen
Um nach Bitterfeld zu kommen, muß man nach Wolfen, daran vorbei oder auch nicht. Wolfen, einst bekannt als die Filmfabrik. Der Silbersee von Wolfen. Hier entstanden die weltberühmten Filme. Filmmeter für die Filme aus den Zwanzigern, ich zögere bei den Dreißigern, und dann, danach... Die Kloake bleibt. Chemie total. Silberbromid. Traumbilder, nein, nicht die, das Zelluloid,

das Material, das Bilder, Menschen und Geschichten möglich machte. Hier wurden sie entwickelt, hinter dem Kulturhaus. Später hieß es nicht mehr AGFA, sondern ORWO, Original Wolfen. Mir fallen Fotofilme ein, Billigangebote in den Kaufhäusern der BRD, erst schwarz-weiß, dann Farbe, ich fand sie gut. Viele meiner kleinen, menschlichen Erlebnisse, festgehalten auf Bildern, wie diese Fahrt nach Tübingen zum Turm von Hölderlin, quer durch den deutschen Herbstwald, eine Inszenierung, Shakespeares *Was Ihr wollt*, und wohnen im Turm. Die unzähligen Sonnenuntergänge in Griechenland, auf Kreta, Santorin, Bilder der Hochzeit, das Tanzen mit den Dorfbewohnern vor der Kirche in Firostefani, alles auf ORWO. Postkarten-Griechenland, unermeßlich farbig, schön, auf ORWO. Wolfen: die Gebäude grau, die Belegschaft reduziert. Findet die Filmfabrik einen Retter oder geht sie ein, das war die Frage 1994. Und heute?

Oh Bitterfeld

Bitterfeld, Fata Morgana auf dem flachen Land. Das Gerücht, die Bitterfelder Konferenz, das Programm von Bitterfeld, hier wurde die Kultur beschlossen, P!an im Sozialismus. Schon da ein Widerspruch, absurd. Horst D., der Dichter aus dem Osten, mich berührt die leichte Schwerkraft seiner Worte, der Humor, der Worte-Wanderer, ein früh Verschollener, lange Zeit nicht zugelassen, er hat die Geschichte aufgeschrieben: eine Verlagskonferenz des Mitteldeutschen Verlages in Halle, ausersehen von Berlin als vorbildhaft für sozialistische Belletristik. Plötzlich die Nachricht, die Partei möchte den Anlaß mit einem Kulturkongreß verbinden, einer neuen Orientierung in der Kunst, Walter Ulbricht spricht. Richtungsweisend. Der »Hallische Weg«. In Halle gab es keine Halle, groß genug. Da erinnert sich der »namenlose Namengeber« Heinz F., Werbeleiter im Verlag, an einen Freund, der leitet den Kulturpalast in Bitterfeld. So gab der Namenlose die Idee für diesen Ort, den Ausgangsort vieler Parolen und von welcher Kunst? »Die Verschmelzung von Kunst und Literatur mit dem pulsierenden Leben«. Aus dem »Hallischen Weg« war der »Bitterfelder Weg« geboren.

Der Fehler auf der Treppe. Als der Generalsekretär zu seinem großen Auftritt kam. Die Katastrophe, der wunderbare Lapsus: »Teurer Genosse Chruschtschow«, so bedeutend wurde der hohe Gast begrüßt. »Sowjetunionverehrungspech«, wie Horst D. es nennt. Die DDR, ein Land der Anekdoten.

Doch Bitterfeld. Die Gegend flach und unscheinbar. Wer will da leben. Nur Chemie. Die Straßen, holprig, voller Löcher, lassen einen nur ungern näherkommen. Der Palast. Man sieht ihn nicht sofort. Die Straße geht zwischen dem Werk und dem Palast vorbei, der Blick geht in die flache Ferne, sucht nach Flucht. Dann links, von Wolfen kommend, ach ja, da ist er, na ja, auch Neon, es gibt schon Neue, die sich hier ihr Glück erwirtschaften. Ein idealer Ort für unser Stück. Gegenüber das Werk. 1994 noch ungeklärt, ob der zentrale Standort Chemie noch einen Käufer findet. Der vom Werk mitgeheizte Kulturpalast, nur insgesamt zu heizen, nicht einzeln regulierbar, für das Werk waren das ja keine Kosten für den Unterhalt, nur ein Beweis für die Bedeutung, die man den im Werk Tätigen zumaß. Schon lange hat der Palast die Nabelschnur verloren. Er wird nicht mehr geheizt, soll selber sehen, wie er warm wird. Für eine Mark, symbolisch, das versteht sich, hat das Werk seinen Palast der Stadt verkauft. Wie überall in diesem verbrauchten Land des Sozialismus verzichtet der Sanierer auf überflüssige Bedürfnisse. Die Interessenlage ist verändert, egal, was dort in diesen Häusern war. 30 Zirkel, vom Briefmarkenklub bis zum Chor und Tanzensemble, Foto, Keramik, Zeichnen, Schach und Spiele, 130 Stimmen allein im Chor.

Die Heizung leck. Täglicher Notfall. In den drei Stunden, die wir da waren, knallte sie zweimal. Die Monteure, jetzt nicht mehr hausinternes Personal, die Leihfirma, teuer, mit festem Stundenlohn und Anfahrt, sie zucken mit den Schultern, die Heizungsrohre gibt es nicht mehr, es sitzt schon Schelle neben Schelle, so brüchig ist das Rohr. Wer zahlt die Sanierung, wer den laufenden Betrieb. 500.000 kostet sie im Jahr, die Wärme im Palast. Die Stadt hat einen Förderverein gegründet. Um den Ballast loszuwerden, den sie nicht tragen kann und will? Kann, will? Die aus dem Westen importierten Geschäftsführer, Helden im Versprechen, »Wild East« im Klauen, es ist erstaunlich, wie etwas, das pleite ist, noch pleiter werden kann. Vergißt man Frau Arnoschd? Eine der drei übriggebliebenen von über 70, die dort arbeiteten, die wir noch kennenlernen durften, Verwaltung, Kassenfräulein, alles in einer Person. Und Zuneigung und Lebensgeschichte. Sie war dabei, als der Palast eröffnet wurde, hatte ihn mitgebaut, die vielen »freiwilligen Aufbaustunden«, fünfziger Jahre, als man das noch glaubte. Die Hoffnung, die auf jedem Stein klebt. Ihr Mann, er ist schon pensioniert, sitzt hinter ihr im Kartenhäuschen, müde, treu oder keine Lust auf Fernsehen? Philemon und Baucis im Kassenhäuschen, er hat die großen Kugeln für die Kugellager gedreht, auf der die Drehbühne sich dreht. Sich drehte, was passiert denn heute? Welche Perspektive? Vierzehn Meter durchmißt die Drehbühne, welches Theater in der Welt ... und 70 Meter von der Bühnenkante bis zur zweiten Hinterbühne. Bei der Eröffnung saß man nur auf der Bühne, so wird es erzählt. 600 oder wie viele waren es? 1.000 Plätze im Zuschauerraum als Dekoration für Reden, als hoffnungsvoller Ausblick. Oder stimmt die andere Geschichte? Wagner zur Einweihung. Parzivalstraße heißt die Straße zum Palast. Die riesige Bühne. Wie nutzt man sie? Heute? Darf sie verlorengehen? Die Heizung! Frau Arnoschd. Die Wende, für sie ging es nicht weiter geradeaus. Eine Arbeitsbeschaffungsmaßnahme: Gras zupfen zwischen Platten auf dem Vorplatz. Ist das Umschulung oder Qualifizierung für die Verwaltungsleiterin? Freiwillige Aufbaustunden, wie freiwillig sie auch waren, für die Menschen war es Arbeit für eine Gemeinschaft, über das Interesse an dem Eigenen hinaus, für etwas, das dem Leben einen anderen Wert gab, ein Kulturhaus. Das nimmt man weg, so wie die Arbeit, die eigene Geschichte sowieso kaputt, der Sinn, das Leben, was bleibt. Damals noch das Kassenhäuschen, im Hintergrund der Mann ... Heute, höre ich, ist sie längst entsorgt.

Buna

Das Kulturhaus der Buna AG in Schkopau. Wieder die Ehe zwischen Kultur und dem Werk, der Arbeit. Wieder die permanente Bluttransfusion, das Werk heizt die Kultur. Ein großes Haus, ein schöner Zuschauerraum, phantastische Akustik. Hier wurden viele Sendungen fürs Fernsehen aufgezeichnet. Die Bühne: 12 mal 10 Meter, die Seiten- und Hinterbühne angebaut, die Drehscheibe 12 Meter im Durchmesser. Im Zuschauerraum die Lampe an der Decke, der große Stolz: die Sonderanfertigung, Hochspannung, Neonröhren, in Jena hergestellt. Buna, die dort arbeiten, heißen Bunesen. Kautschuk. Das Werk steht noch so wie 1933. Künstlicher Kautschuk. Synthetische Herstellung. Die große Erfindung. Hat mir nicht die österreichische Schriftstellerin Elfriede J. von ihrem Vater erzählt? Er, der Jude, hat dieses Verfahren erfunden und wurde deshalb geschont samt Familie. Die Erfindungen wurden immer auf einem Schloß irgendwo in Österreich präsentiert. Heute benutzen die Chemiegiganten wieder denselben Ort für die Darstellung neuer Produkte. Buna, Kautschuk. Für Autoreifen beispielsweise. Plaste und Elaste. Im Krieg haben die Amerikaner das Werk nicht bombardiert, um die Erfindungen zu schonen. Nur das Wasserwerk zerstört, das war ihr Einfall, weil ohne Wasser die Produktion unmöglich war. Ihr Vormarsch in Deutschland hatte klare Ziele. Sie waren vor den Russen in Buna und demontierten das Werk, nahmen die Zeichnungen und die Erfinder gleich mit zum Nutzen der eigenen Wirtschaft. Nach Jalta wurden mit den Russen Gebiete getauscht, die südwestlich der Elbe gegen Berlin – da war alles schon weg.

Die Fabrik, wie so oft, natürlich ist alles gesund, was dort in der Produktion geschah. Nur wenn es regnete, dann war alles weiß, wie der Lack von den Autos. Es ließ sich nicht abwaschen. Mit Essig mußte man ran, die Fenster wie Milchglas. Kalk, Karbyd, Wasser mit Acetylen gemischt, giftiger geht es nicht. Bis nach Kanada flog das Zeug, es wurde identifiziert. Im Werk selbst durfte man nicht darüber sprechen. Als aus Witz jemand mit Gasmaske erschien, wurde er sofort eingesperrt. Angeblich kam nur Kalk aus dem Schornstein, und der ist ja gut als Dünger, die Felder wissen es besser.

Zeitz
HYZET Klubhaus. Klubhaus »Marx-Engels«. Hydrierwerk. Benzin nicht aus Öl. 23% Arbeitslosigkeit. Frauen, die den Rest zusammenfegen. Auch hier war Karneval. Das Fest vom Tag zuvor. Die Zirkel. Unabhängige Vereine waren nicht erlaubt. Gefährliche Zusammenrottung. Aber Zirkel, ein anderer Name für Verein. Humusboden im Kulturhaus. In Zeitz ist der Chor noch übrig, 40 Mitsänger von 55. Proben jeden Dienstag. Fünfzehn Auftritte im Jahr, Partnerstädte sind Bamberg und Detmold. Die Jugendweihe, angemeldet wieder 120, die Beteiligung steigt.

Bis 1986 wurde Kino gemacht. Der Filmzirkel, alte Filme, zwei 35mm-Projektoren. Vor mir auf dem Schreibtisch das gebrochene Dia, der Finger, der von unten nach oben zeigt, auf die runde Blende, in der Mitte ein Auge, die Schrift dazwischen, perspektivisch: »Unser Werbetip«, klein daneben DEWAG, Deutsche Werbeagentur, staatlich, das zerbrochene Dia, Erinnerungen an die Reise. »Werbetip« – Werbung wofür?

Zirkel: bis zu 30 und mehr Vereine, Zirkel genannt, umkreisen so ein Kulturhaus, vom Briefmarkensammeln bis zu den Chören, von Tanzgruppen bis zu dem Zirkel »Der schreibende Arbeiter«. Ein Irrtum zu glauben, Kultur hieße Staatskultur und Kulturhaus politische Einflußnahme. Das auch, aber vor allem doch Lebensraum.

Zeitz, über 1000 Jahre Geschichte. »Die Stadt der männlichen Nachkommen Martin Luthers.« Das barocke Residenzschloß Moritzburg an der Stelle der ehemaligen Bischofsburg. Die Weiße Elster, so heißt der Fluß. Die »Unterwelt«: das »unterirdische« Zeitz, nicht für den Weltkrieg geschaffen, schon im 15. und 16. Jahrhundert als Lagerstätte für das gebraute Bier in den Buntsandstein getriebene Stollen, drei Stockwerke übereinander. Bier als Ernährungsvorläufer der Kartoffel, heißt es, Katakomben, einzigartig in ganz Europa, schreibt Rudolf Drößler, der Stadtschreiber, früher Leiter des Zirkels »Der schreibende Arbeiter«. Klosterwehranlagen, der Dom, aber auch jüngere Zeit, DDR-Zeit, Zekiwa, Europas größter Kinderwagenhersteller, damals während der Teilung: Quelle und Neckermann kauften hier ihre »Autos für Babies«.

Und Pfarrer Brüsewitz, die Selbstverbrennung. Ein Zeichen setzen für den Widerstand. Wer erinnert sich noch? Der Film *Störenfried*, etwas bleibt. Jetzt wieder ein Pfarrer, Abgeordneter im Landtag, eine Begegnung, sich einmischen auf eine andere Art. Merkwürdig, immer wieder Pfarrer aus der marxistischen Welt, im Westen habe ich diesen Beruf fast vergessen, hier im Osten streiten sie sich, sind umstritten, offensichtlich berührbar, mischen sich ein.

Im geschlossenen Vorführraum des HYZET verstaubt das Dia »Unser nächstes Programm«.

Görlitz
Die Neißebrücke. Das Festspielhaus. Heute heißt es Stadthalle Görlitz. Niederschlesisches Kultur-, Kongreß- und Messezentrum. Pervers. *Gerhart Hauptmann was here*. Die Neißebrücke. Eine Grenze, die aus dem Deutschlandlied fällt. Das riesige Haus, Jugendstil, 1902 gebaut, die reich verzierte Fassade. Innen schon seit den dreißiger Jahren vorbei. Für 1.700 »Zuschauer«. Die Orgel. Vollpneumatische Konzertorgel. »Das 1001. Werk der Familie Sauer aus Frankfurt/Oder«. 72 Register. Vier Manuale. Mit dem vierten Manual wird

ein Fernwerk bespielt, das über den Schallkanal in der Decke des Saales zu hören ist. Die Töne schweben mitten im Raum, von der Decke herab. Die Orgel einzigartig in ihrer Größe, in Funktion und Alter. In Europa gibt es nichts Vergleichbares, sagt man in Görlitz. Lange war sie verdeckt, DDR-Zeit verdeckt, zugestellt, die Scham der Unbespielbarkeit, die fehlenden Teile, außer Atem geraten. Seit 1991 restauriert. Was hat sie alles erlebt? Jetzt hat sie es geschafft. Görlitz. Der Neid auf die Orgel, die vielen zerstörten Fassaden, die auf ihre Wiederbelebung warten.

Der Haupteingang der Festhalle liegt an der Brücke. Schon Niemandsland. Die Grenze. Die Neiße, ein Wort, besetzt mit Geschichte und Verletzungen. Die Polen auf der anderen Seite, ihr Land. Die Brücke der Weg zu den Veranstaltungen im »Westen«. Die Polen können ihren Eintritt in Zloty bezahlen. Und sie zahlen die Hälfte. So entsteht Nähe auf natürliche Weise.

Die Stadt zwischen Mittelalter und Heute. Ein kleiner Kern, malerisch restauriert, der Rest düster. Schon früh am Abend verlassene Straßen. Endlose Gründerzeitfassaden, die zerbröckeln. Nur wenige reiche Nachkommen aus dem Westen investieren. Es lohnt nicht, die teure Restaurierung. Die Mieten bringen das nicht wieder herein. Und vorher? Diese unschätzbare Architektur? Wer, welche Ideologie, die sich den Menschen als Ziel setzt, darf sich anmaßen, die Dokumente seiner Geschichte verfallen zu lassen?!

Zwickau
»Neue Welt« – nicht zu glauben. Diese sich verlaufende Stadt. Wir fahren der Straßenbahn nach, immer weiter heraus aus welchem Zentrum? Da, auf der rechten Seite, wieder eine graue Silhouette. Schade, daß man von vorne keinen Platz der Annäherung hat, um den Giebel genießen zu können. Wenn der Jugendstil durch das Grau durchblickt ..., ich erinnere mich, irgendwo steht da die Jahreszahl 1902. Konzert- und Ballhaus »Neue Welt«. Es bleibt die kurze Distanz der Zeit, der anderen Straßenseite und die Pause zwischen den Straßenbahnen. Zwickau, 875 Jahre Geschichte, lese ich. »Territorio Zcwickaw«, Stadtrechtsverleihung durch Kaiser Friedrich Barbarossa, aber das war doch DDR! Die Silberminen, der Dreißigjährige Krieg, im 19. Jahrhundert die Bergbauindustrie, hier wurde 1909 AUDI gegründet, 1904 die A. Horch & Cie. Motorenwerke AG. Thomas Müntzer, Max Pechstein, das Theater Zwickau, das Gewandhaus. Am Schnittpunkt der alten Salzstraße, der Frankenstraße gelegen. Wieder zurück zur »Neuen Welt«, das Schild: »Thälmann hat hier gesprochen, 1924.« Das interessiert mich. Oh ja, 1946, Otto Grotewohl auch und Wilhelm Pieck, werde ich genötigt zu wissen. Stolz auf Geschichte, meine Abwehr: Vorurteil oder nur Angst vor dem, was nach Kleinbürger riecht, aber es war doch Politik? Die Geburtsstadt Robert Schumanns. Wir warten bei einem der unzählbaren Pförtner, um hineingelassen zu werden. Nachfragen auf dem Amt: »vielleicht zwischen den Sitzungen ...?« Verrückt, es gelingt, obwohl wir nicht angemeldet sind, die Freundlichkeit siegt und die Überzeugung für unsere Sache, wir dürfen hinein. Innen der so kleine Kontrast. Spiegel, überall Spiegel, Engel, Figuren, die Lampen tragen. Die Balustrade, die Ausmaße des Saals, Gold statt grau, die unglaublich schöne Gliederung des Raumes, die Treppen, die an den Seiten zu den Balustraden hinführen, ja, Jugendstil ohne Ende, gibt es das, Jugendstil, verspielt majestätisch? Das sich immer wieder brechende Licht, die sich erweiternden Ausblicke, der Rhythmus der Architektur. Immer wieder die Irritation: die Tafel draußen, grau an der Wand, leicht zu übersehen: »Thälmann hat hier gesprochen.« Wie geht das zusammen, der Prunk dieses Saals und Thälmann? Oder ist das wieder eines dieser Klischees, die die Erwartung besetzt halten? Warum denn nicht: Sich in diesem Saal die politische Auseinandersetzung vorstellen, die Spannung zwischen höchster Architektur und politischer Sehnsucht, die sich an der Wirklichkeit reibt. Welche Geschichten erlebt dieser Saal heute?

Chemnitz

Die eingepackten Säulen. Darunter, wie in der Schaubühne Lindenfels in Leipzig, versteckt gußeiserne Jugendstil-Säulen. Sie können nicht freigelegt werden, weil nicht genug Geld vorhanden ist für den besonderen Brandschutzanstrich. Die Lust, Architektur einzupacken, zu verstecken. Gründerzeit, vom Jugendstil überdeckt. »Neue Sachlichkeit« als letztes Ergebnis? Immer wieder eine Zeit, die die andere verdrängt. Das ist nicht alles. Ich frage mich: Gab es nur in der DDR ein Bedürfnis, alles gerade, kleiner, kleinbürgerlicher zu machen, Decken abzuhängen, den Kaffeetisch einzugrenzen? Es ist für jemanden, der nicht aus dieser Welt kommt, schwer zu begreifen, warum aufregend schöne Architektur eingepackt, verkleidet wurde. Geplante Sehnsucht nach Klarheit? Versuche, Bilder und Zeit zu übermalen? Ein Ostphänomen? Und was ist im Westen? Fußgängerzonen stehen mir quer im Gehirn. Und Bilder von Betonarchitektur in alten italienischen Städten.

Was ist mit diesen phantastischen Fassaden nicht nur der Gründerzeit? Dem Zerfall überlassen? Das läßt sich nicht allein mit geringen Mieteinnahmen erklären. Es verbindet sich mit der Anstrengung, alles einander anzugleichen. Ist es eine Frage der Ideologie? Wirkt das Überbordende der Phantasie bedrohend? Muß man, um sich zu sichern, die gefährlichen Einzelwege der Vorstellungskraft einebnen?

Hirschberg

Henselmann. Vielleicht nur Studenten von ihm. Aber Erinnerung an den Architekten Henselmann, die Stalin- oder Karl-Marx-Allee. Gestorben in dem Plattenhochhaus, auf dem Dach die große Coca-Cola-Reklame.

Der Bürgermeister in dem renovierten Gebäude, viel Glas, neureich spießig. Das Kulturhaus ist geschlossen. Wir streunen herum. Die Lederfabrik verlassen. Früher schwappte die giftige Brühe in den kleinen Grenzfluß. An ihm entlang der Kontrollweg des Militärs. Jetzt die Brücke zum spießigen Westen. Der Neobarock, angeblich siebziger Jahre, das Café im Westen mit dem Blick auf den Grenzfluß. War das die Attraktion? Wie gut geht es uns hier im Westen, bei Kaffee und Kuchen, Ersatz für die Kerzen im Fenster. Jetzt die Brücke. Dahinter die Mauer der Lederfabrik, die abblätternden Namen. Im Hof die Reste alter Militärwagen, die stillgelegten Grenzpatrouillen. Wir spähen über die Mauer, jetzt ist es möglich.

Wir haben erfahren: Eine Mischnutzung sei geplant, halb Wohngebiet, halb Gewerbe, und eine ganze Menge bleibt leer.

Die Lederfabrik, berühmt. Qualität längst vor der Umwandlung zum volkseigenen Leder. Das große Bild: Die Arbeiter übernehmen die Fabrik von ihrem kapitalistischen Herrn. Das war wahr. Die Hoffnung bestimmte das Bild. Bevor die Fabrik zur Grenzmauer wurde.

Das Kulturhaus. Das Schild: »Wir bitten die werten Gäste, das Geschaffene zu achten.«

Wie kommen wir hinein? Aus dem renovierten Bürgermeisteramt kommt Hilfe, das draufgepappte Neue im alten Dialekt. Der Schlüssel für den Vordereingang ist nicht zu finden, der Keller, die Heizung schon renoviert, also gibt es dafür den Schlüssel. Wir folgen der »modernisierten« Mitarbeiterin der Bürgermeisterei. Mit spitzen Fingern betritt sie den Ort, der sich ihrer Würde entfernt hat. Wer denkt noch daran, wie er in gemeinsamer Arbeit, ohne Bezahlung, nur an die Hoffnung gebunden, erbaut wurde? Durch den Keller in die Halle mit Oberlicht, gelungene Architektur, einsam dazwischen ein Konzertflügel und Bauschutt. Der Saal des Kulturhauses, die zerstörte Bühne, wunderbare Einheit des Raumes, Fragen nach der zukünftigen Nutzung. Die drohende Disco. In der Nachbarschaft muß aus Gründen der Rückübertragung ein neudeutscher Lichtorgeltempel geräumt werden. Der Verdienst war so gut. Jetzt hat der Besitzer sich das Kulturhaus der Lederfabrik ausgesucht. Seine Pläne haben die Sympathie der Gemeinde. »Wir müssen etwas für unseren Ort tun.« Wem fällt es auf, daß die Architektur nicht nur durch die geplanten Sitzinseln zerstört wird? Die Ironie: das Schild hinter der mit Brettern vernagelten Tür. Einkaufszentren gegen Kultur, nicht nur das Umzingeln der Städte, der gestylte Konsum für die Freizeit als Ersatz für Kultur. Wer schützt die Architektur?! Ihr Sinn hatte einen anderen Anfang, ein anderes Ziel, eine andere Notwendigkeit.

Aue
Kulturhaus der IG Wismut »Ernst Thälmann«, gebaut seit 1953, am 7. Oktober 1958 eröffnet, bis 1963 Kulturhaus der IG Wismut. Danach Kreiskulturhaus.

Die Berge der Ausschachtungen. Von Rommberg bis Aue, Schlema, inzwischen haben wir alle von dem Uranabbau gelesen. Davon, wie die Menschen durch Strahlungen bedroht sind, wie das Gift durch die Stollen in die Keller, von dort in die Häuser dringt. Verwirrend sind diese Berge, die durch die Ausschachtungsarbeiten entstehen, die nach oben geholte Erde, die künstlichen Berge. Lange ist es her, da war Aue eine Station auf der Silberstraße. Das Kulturhaus als Renommierobjekt der Uranfabrik, da ist Geld, das erklärt die reiche Architektur. Immer lenkt die bessere Bezahlung, das Geld ab von der Gefahr der Vergiftung. Die andere Industrie in der Stadt: Halbleiter – Konservendosen – Textilmaschinen – Besteckfabrik – Textilfabriken – Vorfertigung von Fernsehapparaten. Was ist davon noch vorhanden? Eine Kreisstadt mit großer Aktivität, ist das Leben oder Einkauf? Noch kurze Zeit vorher haben wir in der klaren, vielleicht vergifteten Luft angehalten, sächsische Tschernobylzone, den grünen Erzgebirgsschnaps, »Fichtelberger Tropfen«, in der Steinflasche – »Desinfektion« wie mit Wodka oder wismutvergiftet? –, und das handgearbeitete Spielzeug gekauft, die aus der eigenen Kindheit bekannte Holzperlengiraffe, die durch den Druck von unten ihre Spannung verliert und in sich zusammensinkt, Gummizugbeine. Die Lust, sie nicken, sich verneigen zu lassen. Ahnt sie das Uran?

Unterwegs
Unterwegs von Annaberg: Eduard-Winterstein-Theater. Reichenbach: das Neuberinhaus. Die Meininger ... Wie war das? Alte Theater. Verweise auf Geschichte, die die Eingrenzung auf die DDR durchbrechen und dadurch Vorurteile aus den Köpfen waschen. Alte Theater, tradierte Kultur. Dagegen eine neue Zeit, die Arbeit und Kultur anders aufeinander bezieht. 19. Jahrhundert. Ursprünge, Erfindung: das Kulturhaus. Faszination am Anfang des Jahrhunderts. Neuauflage nach dem Zweiten Weltkrieg. Wieder Scharoun: die Konzeption »Kulturhaus«: Entnazifizierung der Köpfe, Aufbruch in die DDR. Arbeiterkultur. Geplant: humane Architektur. Die fünfziger Jahre zerfressen den Traum. Die Differenz erzählt sich auf der Reise, aus der Distanz der neuen Republik, fünf Jahre nach der Einheit. Spurensuche. Brüche. Fremd gewordene Stühle zwischen kompliziert erfundenen Lampen. Zuerst die Generation, die Vielfalt suchte. Mehr als 50 Variationen von Lampen: Sonderanfertigungen für das Kulturhaus Unterwellenborn. Später fortschreitende Vereinfachung. In der Produktion. Nur da? Läßt sich das trennen? 1974 die letzte Welle der Enteignung. Gleichzeitig nur noch Kugellampe Standard A. Verneinung des Persönlichen, enger werdende Räume, nicht nur die Wohnung. »Wirtschaftlich nicht möglich«, hieß es. Differenzierte Möblierung nicht mehr drin. Zwangsenteignung des Geschmacks. Vereinfachung, nicht auszuhalten. Wie findet sich das wieder in dem Aufgeschriebenen? Wann beginnt die Ahnung des Verfalls, der Nichteinlösung dieser Utopie? Es fällt mir leichter, vor dem Anfang Achtung zu haben. Die freiwilligen Aufbaustunden, damals, die verstehe ich. Aber die Brüche, der zunehmende Verlust an Geschmack: Hat das niemanden gestört? Der Reichtum in Unterwellenborn, die Lampen, die unendliche Treppe, das verstehe ich, aber der neu eingerichtete Speiseraum, diese unerträglichen Rohrstühle?

Unterwellenborn

Das Kulturhaus der Maxhütte. Eisenerz und die Sehnsucht. Wie viele Architekten und Architekturbüros wurden hier konzentriert! Für den größten Betrieb des Landes das größte Kulturhaus. Sehnsucht nach einem Schloß. Die Endlostreppe, das Foyer, der Theatersaal.

Auch dieses Kulturhaus steht fast leer, ist geschlossen, die Kinder mit ihren Mountainbikes genießen die Stufen des Eingangs als Hindernisrennen und zerschießen die Laternen des Vorplatzes. Immerhin, das Dach wurde repariert, bauerhaltende Maßnahmen. Das Denkmalschutzamt von Erfurt. Ist das ein Zeichen von Sorge, von Interesse? Zwischendurch wurde dieses Haus als Möbellager genutzt, ein Schicksal, das viele Kulturhäuser trifft, Kultur, reduziert auf Möbel. Kauft neue Möbel! Der eine Kitsch durch den anderen, den Wohlstandskitsch, ersetzt. Jetzt gibt es Pläne, das Haus zu verkaufen. Früher war die Heizung angeschlossen ans Werk. Jetzt ist die Kultur wieder von der Arbeit getrennt, der Rest der noch beschäftigten Arbeiter braucht keine Kultur. Die Heizung ist schuldig geworden vor der Kultur, zu alt und zu teuer. Die Maxhütte hat ihr Kulturhaus für eine symbolische Summe an das Landratsamt überschrieben, das sucht jetzt einen Investor, dem es weitergereicht werden kann. Geplant die Mischnutzung, vom Fitneßclub bis ... Und die Kultur?

Noch durften wir den Zuschauerraum ansehen, eine besondere Ehre. Wunderschön der Raum, die Theaterstühle – sind sie schon verkauft? Der Vorhang blieb zu. Wie um uns etwas über sich zu erzählen, hatte dieser verwunschene Raum nur noch Strom für einen verlassenen Luster, Kronleuchter. Die Sehnsucht nach Schloß, eine einsame Geschichte.

Saalfeld

Nur neun Kilometer von Unterwellenborn entfernt – Saalfeld. Eigentlich immer noch ein Ort, oder besser ein Werk, eine Arbeitslandschaft. Verkehr auf den Straßen zwischen den Teilen des Werkes – arbeiten hier noch so viele Menschen? Stimmt es also nicht, daß ... oder fahren sie einfach nur hin und her? Zwischen verlorener Arbeit und dem gebrauchten West-Auto zerrissen, das geputzt ist wie ein Neuwagen in diesem grauen Regen. Hier bricht die Heiterkeit aus. Auch eine Art Kulturhaus oder Ballsaal mit Empore: der »Meininger Hof«, ein Saal, graue Säulen, graue Stühle, tiefe Bühne, alte Windmaschine, der Orchestergraben wie eine Wanne, jetzt alles blauweiß, frisch verkleidet als bayerischer Biersaal. Na ja, die Biersorten aus den Altländern müssen sich auch umschauen, wie sie bei ihren neuen Konsumbrüdern ihre freiheitlichen Verkaufsräume erobern, oder ist es nur Sympathie?

Ilmenau

Das Kulturhaus im Park, schön gelegen. Der Balkon für die Ansprachen eines Führers. Der Saal mit dem größten freischwebenden Balken Europas, wurde behauptet, er trägt die Decke natürlich. 36 Meter. Beeindruckend. Der Versuch, es sich vorzustellen ... Ist es möglich, sich in den Balken zu versetzen, wie strengt er sich immer noch an, mit ausgebreiteten Armen? Wie lange hält er es aus? Im Keller, na ja, bei den Nazis, eine riesige Fläche, nur Säulen, dort haben sie »Marschieren« geübt. Wieder der Versuch, es sich vorzustellen. Warum da unten? Hier draußen ist doch viel Platz? Und der Balkon über dem Eingang. Von da ist der Blick, die Beobachtung voller Kraft und Macht und Bedeutung. Warum im Keller? Mußten sie das Üben verstecken? Schlechtes Wetter? Nein, sicher nicht. Also da unten, im Keller, marschierende Ameisen, Kommandos, der Marschtritt, die Akustik und die Säulen. Das ist es, was mich beunruhigt: die Akustik. Es dröhnt in den Ohren.

Jena

Das Volkshaus. Carl Zeiss. Optik. Kultur für die Arbeit. Gebaut 1903. Jugendstil. Wie ein Schiff. Getäfelt in Holz. Nicht weit entfernt der Universitätsturm. Riesige Löcher. Baustellen. Und das Theater. Schildbürgerstreich im Sozialismus: Der Intendant wollte ein neues Theater, ließ den Zuschauerraum abreißen, aber schon damals gab es kein Geld, das Theater wurde geschlossen. Ein Wunder der Einheit: ein Theater wiedereröffnen als Arbeitsbeschaffungsmaßnahme. Es gelang, den Bedarf zu belegen, die Bühne ist Zuschauerraum und Theater zugleich. Der alte Zuschauerraum dient heute als Vorplatz. Im Haus Platz genug für die Kneipe. Voller Diskussionen. Vitalität eines Aufbruchs. Die Stadt hat ein anderes Leben, andere Lokale. Deutsche Geschichte und Philosophie. Hegel, Feuerbach, Carl Zeiss Jena? Studenten bestimmen das Leben. Die Luft riecht jünger als anderswo.

Gotha

Residenzstadt. Stadthalle. Nicht, daß Karl der Große in Gotha war, nicht, daß die Stadt 775 zum erstenmal in einer seiner Urkunden erwähnt wurde, villa Gothaha, Verbindung zu Hersfeld, oder vielleicht kommt das Wort von »goth-aha«, »gutes Wasser«, uns brachte der Regen zur Stadthalle. Nicht Schloß Friedenstein, nicht Lucas Cranach oder die zahlreichen Kunstschätze – wir wollen zur Stadthalle. Von außen klar, etwas verloren im Verhältnis zum Schloß, aber innen: 1923 war der Saal fertig. Was haben wir erlebt in der »Stadt der Kultur«, dem »Tor zum Thüringer Wald«? Den Zusammenschluß zweier Fußballvereine, die Versammlung in einer »Stadthalle«: verblüffend einfach das Gebäude und schön! Nur der Name: banal wie die Fußballversammlung. Die Halle wartet auf Feste. Die Bürger träumen Feudalzeit, Residenzzeit. Im Westen reduziert auf das Wort für Versicherung, Gothaer. 19. Jahrhundert, »progressives Bürgertum«, Arbeiterbewegung. Thomas Müntzer. Das war früher. »Stadthalle« nennt sich das heute. 1848 in Gotha, das ist für mich diese Halle, Hoffnung, schnell wieder revidiert, heute wieder? Nicht Residenzstadt, nicht Kleinstaaterei, sondern der Schuhmacher Wilhelm Bock, der Allgemeine Deutsche Arbeiterverein und jetzt Fußball. Die Einheit der Arbeiterbewegung. 1875, Sozialdemokratie, das »Volkshaus zum Mohren«. Bis 1933 »Arbeiter im Kampf gegen Reaktion, Militarismus und Krieg«, die Eisengießerei Briegleb, Hansen und Co., die Karussell- und Waggonfabrik Bothmann. Nachts im Hotel erzählt der Prospekt. Die Luftschiffhalle! Staunend lese ich weiter: »das erste Krematorium Deutschlands« in Gotha! – Während der letzten Tage des Krieges zerstört, das Theater, gebaut nach den Plänen Schinkels. Die Stadt nach den Beschlüssen von Jalta von den USA der Roten Armee übergeben. Notizen, dann Frühstück, ein freundlicher älterer Herr. Pensionär aus dem Westen, sagt er, freiwillig hier, um beim Aufbau der Verwaltung zu helfen, am Wochenende im Westen, dann hier, Training der Bürokratie. Natürlich neue Namen, neue Strukturen. Irgend etwas fehlt an dem Ort. Und bitte nicht: Stadthalle.

Ruhla

Ruhla. Es klingt wie: ruhe da. Dieses lange, enge Tal, fünf Kilometer lang. Kerbtal oder V-Tal. Das harte, kristalline Urgebirgsgestein läßt sich nicht auswaschen vom Wasser – wie die Menschen. Eingekerbt. Ruhla, »Rolla«, wie das Geräusch des Wassers. Dann hieß es Rula. Seit dem 14. Jahrhundert. Von Anfang an geteilt. Der Fluß als Grenze: der »Bach« – ist das eine Beleidigung? »Erbstrom« heißt er oder Ruhla wie die Stadt. 30 Wassermühlen im Tal. Der Mühlgraben zur Mühle, so erbt die Mühle Wasser, danach der Weg zurück zum »Bach«: da erbt der Strom das Wasser.

Die Sage Ruhla: Der Schmied von Ruhla und der Landgraf Ludwig, Sohn des Erbauers der Wartburg, verirrt im Wald und beherbergt vom Schmied, unerkannt hörte er die Klagen des Volks gegen sein zu weiches Regime mit den Höflingen, die Ausbeutung des Volks, der Schmied schmiedete ihn hart gegen den Mutwillen der Ritter: »Du elender Herr! Unseliger Herr! Werde hart! Was nützt du den armen Leuten? Siehst du nicht, wie deine Edelleute die Untertanen plagen?« Der »Edelacker von Freyung«: Er zog gegen die eigenen Ritter zu Feld, spannte sie, besiegt, vor den Pflug, zum Schutz gegen den eigenen Adel ließ er die eiserne Rüstung schmieden von den Schmieden in Ruhla; wenn er jemanden ergriff, der ein Unrecht verübt hatte, ließ er ihn kurzerhand hängen oder enthaupten oder ertränken. Und hieß von da an »der eiserne Ludwig«. Und jede Stunde schlägt in der Uhr der Schmied auf den Amboß. Ruhla, die Schmiede, auf beiden Seiten des Tals, die immer für den anderen, den Gegner arbeiteten, die beiden Seiten des Tals, miteinander verfeindet, aber nicht im Kampf mit Waffen, Streit nur bei der Herstellung der besten Schwerter und eisernen Rüstungen. In der Winkelkirche traf man sich noch. Eine Kirche, zwei Kirchenschiffe, der Altar im Scheitelpunkt, ein Glockenturm, zwei Zugänge, zwei Ufer, zwei Seiten eines Tals. Die Winkelkirche, die einzige, die es in Deutschland noch gibt. Auch heute »verfeindet«? Wie das Land? – Die Produktion verlagerte sich später: Spezialitäten in Pfeifendeckeln, 143 Porzellanmaler, für die Pfeifen, dann vor allem die Uhren, berühmt. Vom 14. bis 16. Jahrhundert gehörte Ruhla zur Wartburg, 1596 die Landesteilung durch Erbfolge, die Trennung des Tals endgültig vollzogen. Kristalline Geschichte, weiße Flecken für den aus dem Westen.

Und Dr. Theodor Neubauer. Der Landtagsabgeordnete, kommt er wirklich aus gutbürgerlichem Hause in der Nähe von Remscheid? Der »Erfinder der Jugendweihe«. Er lebte zeitweise in Ruhla. Der Philosoph, ein »führender Mann für die Arbeiterklasse«, 1945 als entschiedener Antifaschist von den Nazis in Brandenburg enthauptet. Er hatte den Antrag gestellt – früher –, die Prügelstrafe abzuschaffen, im Parlament oder im Landtag. Die nach ihm benannte Schule heißt jetzt Albert-Schweitzer-Schule, warum? Eingemeindet heißt es. Albert Schweitzer war stärker. Die Gedenkstätte gibt es, die Büste, wer kennt ihn noch?

Ruhla hieß mit Spitznamen »Klein-Moskau«. Nein, nein, nicht deshalb. Oder doch? 40 Industriebetriebe, sozialistische Prägung? Oder? In den zwanziger Jahren bauten die Uhrmacher von Ruhla in Moskau die Uhrenindustrie auf. Eine Stoppuhr aus Ruhla war mit im Weltraum, die erste Uhr, die um diese Erde herumflog. Jeder im Osten kannte seine Uhr, natürlich aus Ruhla.

Friedrich Lux, der Komponist. Georg Heinrich Lux, der Vater, der Organist. Der Dichter Dr. Ludwig Storch, ich frage nach, etwas erstaunt, was war 1848 in Ruhla? Dr. Alexander Ziegler, der »Gönner der Stadt«, Weltreisender und Reiseschriftsteller, seine Manuskripte liegen hier im Museum. Dr. Gertrud Alexander, in Ruhla geboren. Sie hat das Vorwort zum *Kommunistischen Manifest* geschrieben, nicht Clara Zetkin, erzählt Heike Helbig. Der Stolz auf die Menschen, die hier gelebt haben, wer im Westen kennt den Namen der Stadt? Der berühmte Höhenweg lockt, der Rennsteig. Zweieinhalb Kilometer um Ruhla. »Gut Runst!«, wie der »Rennsteigvater« Ludwig Hertel dichtete. Johann Andreas Stumpff – ein Logenbruder. Der königlich britische Harfenbauer. Natürlich aus Ruhla. Tischler gelernt, dann Klavierbauer. Ein Freund Goethes. 1824 beschreibt er die Kirmes in Ruhla. Auf Hobelspäne soll er geschrieben haben: »der hölzerne Schriftsteller«. Die Schwester Mozarts hat er finanziell unterstützt. Ihn selbst hat er nicht mehr gekannt. Beethovens Förderer. Carl Maria von Weber nach London geholt? Er wohnte ihm gegenüber, war als erster bei ihm bei seinem Tod.

Ist es wichtig, ob dies alles stimmt? Entscheidet mehr das Gefühl, dieses unendliche Nichtwissen? Sich auf die Suche begeben. Die Lust, an der Geschichte zu kratzen, in vorher geschlossene Kammern zu blicken. Ja, später genauer werden. Aber jetzt zuerst begreifen, daß da Räume sind, Geschichten von Menschen, die unsere Geschichte sind, den Bedarf in sich selber wecken, das Land hinter dem nächsten Hügel, der nächsten Mauer entdecken. Wird man kleiner, wenn der Ausblick weiter greift? Oder nähert man sich nur seinem wirklichen Maß?

Und erzählt hat das ja eine Frau, Heike Helbig, aus Ruhla, mit ihrer Zuneigung zu dem eigenen Ort. Wir hören nur zu.

Merkers
Werra-Rhön. Die Kaliwerke. Was blieb? Das Erlebnisbergwerk. In 600 Meter Tiefe. Unten, wie eine Stadt mit den Ausmaßen von Leipzig. Die Gänge groß genug für Lastwagen.

Zehn Kilometer entfernt: die Kristallgrotte, im Salz. Salz, einmalig, sagen sie.

Dienstag bis Sonntag. »Das außergewöhnliche Erlebnis für jedermann«. 9 Uhr 15 und 13 Uhr 15, vier Stunden Führung. Oben das Kulturhaus? Wochenendmusik? Disco?

Aber unten, in 600 Meter Tiefe, da wurde Kultur gemacht, Tanz, sogar Ballett. Ja, da lag auch das Gold der Nazis, Roosevelt ließ es sich nicht nehmen, es persönlich abzuholen.

Die riesigen, künstlichen Berge, die sich über die Landschaft gesetzt haben. Das alles war im Berg, das war Arbeit. Das Bergwerk ist als Arbeitsstätte geschlossen. Die Grenze ist ja nicht weit. Das Salz wird vom Westen her abgebaut. Die Maulwürfe unter der Erde graben den neuen Brüdern nicht das Wasser, aber das Salz und die Arbeit ab, Beschäftigungsgleichheit.

Unten in der Tiefe, da liegt die DDR vielleicht begraben. Eingesalzen, Erlebnisbergwerk, vier Stunden Führung.

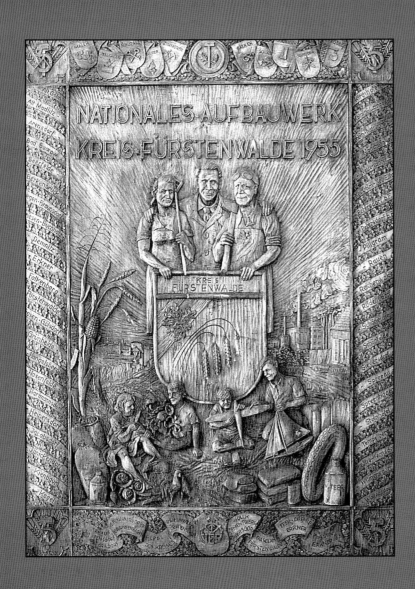

Simone Hain

Ausgraben und Erinnern

> Wer sich der eigenen verschütteten Vergangenheit zu nähern trachtet, muß sich verhalten wie ein Mann, der gräbt. Vor allem darf er sich nicht scheuen, immer wieder auf einen und den selben Sachverhalt zurückzukommen – ihn auszustreuen, wie man Erde ausstreut, ihn umzuwühlen, wie man Erde umwühlt. Denn ›Sachverhalte‹ sind nicht mehr als Schichten, die erst der sorgsamsten Durchforschung das ausliefern, um dessentwillen sich die Grabung lohnt.
> *Walter Benjamin*

Was ist das? Manchmal möchte man sich die Augen reiben: Ein südländisches Flair, die Kontur einer Konifere, das milde Licht der Abendsonne wecken Urlaubserinnerungen. Erst auf den zweiten Blick wird der Trugschluß offenkundig. Das ist nicht der Burgberg einer mediterranen Stadt, sondern das Kulturhaus von Chemnitz oder Unterwellenborn, die Häuser mit der sozialistischen Brigadekultur, den Arbeitertheatern und Eisenbahnerchören. Gestern noch banale Alltagsrealität, erscheinen sie auf Michael Schroedters Fotografien manchmal Zeit und Raum entrückt. Da ist eine unendliche Distanz zu verspüren, die allerdings mehr als nur ein Kunstgriff ist. Die Zeit selbst hat einen Knoten gebunden.

So ist der Blick des Fotografen zunächst der Ausdruck für die Entdeckung eines Problems. Ursächlicher Antrieb für die Arbeit des Fotografierens ist diese eine hartnäckig verfolgte Frage, was das wohl sei. Haus für Haus, Einstellung für Einstellung steht die Suche nach der physischen Erscheinung einer als merkwürdig empfundenen Einrichtung im Vordergrund. Wohl spielt die eine oder die andere Aufnahme mit der Unentschiedenheit des Anblicks, ist ganz Bild eines Bilds und verdoppelt die Suggestion durch einen schrägen Blick auf Zeit und Objekt, doch überwiegt in der Serie der Kulturhausbilder die Besessenheit des systematisch vorgehenden Sammlers. Noch ein Bild und noch eines wird wie in einer kriminologischen Delinquentenkartei aufgenommen – en face, von der Seite und innen drin: Objekte katalogisierenden Sicherungsbedürfnisses. Um Festhalten geht es, um Aufbewahren und um Vorweisenkönnen im positiven Sinn, um das möglichst perfekte Erstellen einer Sequenz in allen denkbaren Varianten und Entwicklungsstufen: eine Bestandsaufnahme im klassischen Sinne. Es war kein geschäftlicher Anreiz, der den Fotografen veranlaßte, durch die Lande zu reisen und großen Aufwand zu betreiben. Hatte er sich zunächst einem befreundeten Theaterregisseur als ortskundiger Führer zu potentiellen Spielorten für ein Tourneeprojekt empfohlen, so sah er sich schon bald mit der Frage nach seinem eigenen Verhältnis zu diesen Kulturhäusern konfrontiert. Auf sachliche Art versucht er, sich einen Überblick zu verschaffen, und registriert minutiös alle Details und Varianten der Objekte seiner Neugier. Als ob Quantität und qualitative Substanz der Häuser nicht hinreichend von einem nun verschwundenen und fremd gewordenen Alltag sprächen, kehrt der Fotograf das Verfahren der leidenschaftslos sachlichen Wiedergabe immer wieder um. Innerhalb der Serie gibt es zu jedem der Häuser Aufnahmen, die von ausgesprochen persönlichen Impulsen zeugen. Bereits wenn Michael Schroedter die Lichter auf die

Kulturhaus »Martin Andersen Nexö«, Rüdersdorf, 1954-1956, Holzschnittrelief von E. Giele, 1955, ca. 1 x 1,5m. Allegorische Darstellung des ersten Fünfjahrplans (bis 1955) des Nationalen Aufbauwerkes (NAW) für die Gewerke des Kreises Fürstenwalde

Einzelheiten setzt und die Umgebung der Objekte fokussiert, setzt seine Deutung ein. Mal sind es Fische in einem leeren Haus, die noch gefüttert werden, mal zeigt der Fahrzeugpark vor dem Haus den aktuellen Stand der Dinge. Ein glückliches Gespür für die Arrangements des Zufalls beweist er, wenn er einen ebenso leichten wie schnellebigen blauen Plastikstuhl mit der stoischen Beharrlichkeit einer Säulenreihe konfrontiert. Intuitiv werden hier zwei konträre Gegenstandsbegriffe und damit verbundene kulturelle Strategien surreal collagiert. Michael Schroedter gelingt damit nichts Geringeres als die unerwartete Gegenüberstellung zweier Gesellschaftskonzepte im Sozialismus, die Begegnung der autoritären fünfziger Jahre mit dem systemtheoretischen Funktionalismus der siebziger Jahre. Gerade in dieser Konfrontation wird deutlich, daß es die geradezu unglaublichen Säulen sind, die wider besseres Wissen um die Orthodoxie der damaligen Gestaltungsdoktrin unser Interesse auf sich ziehen. Was war das? Mit der genaueren Betrachtung der Bilder wächst ein Gefühl für die Ernsthaftigkeit der aufgeworfenen Frage. Lag die Antwort noch eben auf der Hand – je nachdem: ein monumentaler Wahn, eine fixe Idee oder verordnete Geselligkeit –, so ändert sich Bild für Bild die Wahrnehmung.

Diese weitgehend unaufgeregt-nüchterne, manchmal barock-sinnliche, zumeist aber »protestantische« Ästhetik läßt sich nicht kurzerhand auf einen Nenner bringen. Das in der Gestalt der Kulturhäuser verkörperte Ritual, gewissermaßen eine ideale ›Welt vor der Welt‹ zu errichten, entspringt denn wohl noch anderen Wurzeln als allein politischer Propaganda. Die kulturgeschichtliche Bedeutung der kanonischen Bauten unter ihnen wie auch der anderen, unorthodoxen reicht über die Entstehungszeit hinaus und wird auch Ortsfremden unmittelbar deutlich. So ist hinter der regionalen Geschichtsgestalt »Kulturhaus« mehr zu entdecken, als es zunächst den Anschein hat. Wie auch immer, die hier versammelten Bilder laden ein, in diesem »aufgeschlagenen Buch der menschlichen Wesenskräfte« (Karl Marx) zu lesen, in dem ein weiteres Mal in der Geschichte der modernen Zivilisation das Projekt vom ganzen Menschen niedergeschrieben wurde.

Im Vergleich zu den überwiegend nüchternen Fotografien dieses Buches gerät auch einmal ein frivoles Arrangement zum Ausnahmefall, wenn etwa der Fotograf kulturpolitische Requisiten als Fundstücke effektvoll gruppiert. Gerade weil es Michael Schroedter in der Regel dabei beläßt, den Dingen ohne Prätention gegenüberzutreten, irritiert zunächst der gestisch verdichtende Eingriff. Die Komposition, zu der Friedenstaube, rotes Fahnentuch und Leninbüste vereint werden, wirkt nicht allein oberflächlich. Indem der Fotograf dem unwillkürlichen Antrieb zu drastischer Inszenierung nachgibt, reproduziert er im ersten Moment ein gängiges Klischee: Alles-was-sie-schon-immer-meinten-über-das-Leben-in-der-DDR-zu-wissen auf einen Blick. Die Bestandsaufnahme wäre ohne die unvermeidlichen, infantilen Accessoires keinesfalls perfekt. Hier werden sie allerdings im Sinne einer ironischen Frage präsentiert: zufrieden? Indem dieses Verfahren in der ganzen Serie einmalig bleibt, distanziert sich der Fotograf zugleich auch wieder von der üblichen Unsitte, billige Witze mit banalen Versatzstücken zu machen. Gleichzeitig dienen die Requisiten im Rumpelkammerbild als Fingerzeige, sie schaffen Anlaß, sich den Sinn der damit verbundenen Praktiken ins Gedächtnis zu rufen. Eigentlich charakterisiert schon die Auswahl der zusammengestellten Gegenstände ihre substantielle Bedeutungslosigkeit. Obgleich sie zweifellos benutzt wurden, schlägt keiner die Brücke zu individuellem Leben oder verdeutlicht die Differenz von Ideologie und tatsächlicher Biographie. Die Devotionalien sind nicht erst vor kurzem in ihrem Wert verfallen, sie waren von Anfang an beliebig. Um so größeres Vertrauen bringt der Fotograf allerdings den baulichen Details, dem Dekor, der Bildkunst, den handgeschriebenen und datierten Urkunden, den Gästebüchern und den verschiedenen Arten der Beschriftung entgegen. Er be-

1 Walter Benjamin, Allegorien kultureller Erfahrung, in: ders., Phänomene. Ausgraben und Erinnern, Leipzig 1984, S. 78f.

greift und erkundet diese Vergegenständlichungen der intellektuellen und gestalterischen Kompetenz als Schnittstellen zwischen Weltbild und Lebenswelt, fragt nach den Spuren menschlicher Arbeit. Da sind ein lichtdurchfluteter Raum in einem Kulturhaus am Strand, die würdevolle Geste eines ionischen Portals oder die noble Farbharmonie einer Raumflucht zu entdecken. Ein andermal erheitert die antikisierende Wandmalerei mit Folkloremotiven, unter denen ein ungarischer Bauer im Tanze sein Mädchen in die Lüfte »schnippst«. Neben diesen unbeschwert-fröhlichen Genremotiven bleibt vielleicht eine Holzschnitzerei im Gedächtnis, die wie ein Epitaph aus dem 16. Jahrhundert die Namen aller Dörfer nennt, die an der Errichtung des Kulturhauses beteiligt waren. Hier hat jemand, Schnitzer oder Kulturhausleiter, späteren Generationen eine Botschaft hinterlassen wollen. Auf den ersten Blick bestechen die sorgfältige, kunstfertige Bearbeitung, das Sujet und die traditionelle Gestaltung. Wenn wir tiefer forschen, wird sich die Frage nach der Wahlverwandtschaft des Objekts zur Kunst in den umliegenden Kirchen oder zu Werken aus der Zeit des Bauernkriegs ergeben. War es selbstverständlich, in der Manier der Altvorderen zu schnitzen? Welche Pathosformeln wurden hier bewußt aufgehoben oder dunkel als angemessen empfunden? Wie tief reichten die Schächte hinab in die Vergangenheit in den fünfziger Jahren, in einer Zeit, in der das »nationale Kulturerbe« überstrapazierter Terminus technicus der Kulturpolitik war? Je sorgfältiger wir zu den Fundamenten des manifesten Gebäudes graben und die Erde auf der Suche nach Fragmenten ausstreuen, desto deutlicher wird sich uns die Weltsicht, das Selbstverständnis und die Lebensweise der Erbauer, der Architekten und der Betreiber der Kulturhäuser erschließen.

Wen aber interessiert das noch? Der letzte Vorhang ist gefallen. Wer jetzt den leeren Raum betritt, beginnt bei Notbeleuchtung die Arbeit des Erinnerns. Die Bilder stehen, wie es Walter Benjamin ausdrückte, »losgebrochen aus den früheren Zusammenhängen wie Kostbarkeiten in den nüchternen Gemächern unserer späten Einsicht«.[1] Es ist wie mit einem Spiegel, der einen Sprung bekommen hat. Herausgefallen aus dem alltäglichen, unbewußten Zusammenhang oder einer anderen Verwendung zugeführt, erscheinen die Kulturhäuser in mehrfacher Hinsicht als problematisch. Für die einen haben sie wegen ihrer symbolischen Repräsentanz einer gelenkten und vielfach entmündigenden kulturellen Praxis einfach ein schlechtes Image. Wenn je zu Recht von einer »panoptischen Disziplinargesellschaft der Moderne« (Michel Foucault) die Rede war, dann hier. Weiß Gott, in den Kulturhäusern war bis in die siebziger Jahre hinein theoretisch mehr verboten als erlaubt. Warum identifiziert sich dann aber ein überwiegender Teil der Bevölkerung der untergegangenen DDR noch nachträglich gern mit diesen Häusern? War dieser Archipel von Musentempeln möglicherweise als Instrument sozialistischer Menschenbildung zugleich auch ein Reich der Freiheit – als Ort sehr persönlicher Erinnerungen, rückhaltloser Freude und kreativer Selbsterfahrung? Beide Wahrnehmungen haben ihre Berechtigung, denn die Kulturhäuser fungierten ja gerade als Schnittpunkt zwischen politischen Strategien und tieferliegenden, eigenständigen kulturellen Praktiken des Alltags. Abermals stößt uns das Beispiel der DDR-Gesellschaft auf die fragwürdige Annahme, Macht käme immer nur von oben. Umgekehrt könnte man die von Günter Gaus entdeckte »Nische« als systematische Flucht- und Renitenzinstanz begreifen, in der die Zumutungen des Staates abgefangen und umgearbeitet wurden. Und machtlos war die »Nische« keinesfalls. Bevor es hier jedoch zum Ausstieg oder Aufstand kam, haben im Gegensatz zu den Behauptungen in den Unrechtsstaats- und Totalitarismusmodellen wohl hinreichend viele Individuen die verordneten Regelsysteme und sichernden Ordnungen instinktiv oder skeptisch reflektierend als relativ angemessen betrachtet. Eine der Fotografien fängt diese Dialektik der Selbstkontrolle in einem handgemalten (!) Hinweisschild sehr treffend ein: »Wir bitten unsere werten Gäste, das Geschaffene zu achten!« Zu den lebensweltlichen Dimensionen jenseits der politischen Symbolformeln führt erst die geduldige hermeneutische Analyse der in den Häusern selbst zutage tretenden Weltbilder, Wertvorstellungen und Lebensweisen.

Es trifft durchaus zu, wenn ein Kulturwissenschaftler trotz eines auf den ersten Blick überbordenden Datenmaterials im Vorwort einer kurzen Abhandlung unlängst feststellen mußte: »Fast nichts ist hier erforscht.«[2] Dies gilt trotz einer neueren kunstgeschichtlichen Untersuchung über die Kulturhausbauten der fünfziger Jahre[3] darüber hinaus auch für die Kulturwissenschaft, für die Regionalentwicklung, für die Ethnographie, für die vergleichende Transformationsforschung ebenso wie für die Planungsgeschichte. Um so wichtiger ist die besondere Arbeit des Fotografen, der sich im wahrsten Sinne des Wortes der Belichtung der physischen Objekte widmet, sie versammelt und für den langen forschenden Blick archiviert.

Zugleich fällt aber der Moment der fotografischen Aufnahme mit dem gesellschaftlichen Akt des Verlorengebens, dem Abbruch einer Überlieferung zusammen. Geschärft durch das Wissen um die gegenwärtige kulturelle Demontage blitzt gerade im neuen Blick auf die verfremdete Szenerie das höchst eigentümliche Wesen der Häuser auf. Die behutsam tastende Arbeit des Fotografen versucht den aktuellen »Sprung« deutlich zu machen, weil er, mit den Worten Walter Benjamins, zweierlei leistet: Er bewahrt die Phänomene nicht nur vor dem »Verruf und der Verachtung, in die sie geraten sind«, sondern auch vor der Art von konservierender Überlieferung, die sich in der »Würdigung als Erbe« verbirgt. Noch finden sich alle Spuren früheren Gebrauchs, schon entsteht aber eine Aura der Distanz. Das ist genau der richtige Zeitpunkt, die Frage nach der Bedeutung der Kulturhäuser möglichst umfassend zu erörtern. Michael Schroedters Fotografien eignen sich dazu, die Substanz der notwendigen Debatten als visuelle Gedächtnishilfe anzureichern. Das anhaltend große Bedürfnis der Bevölkerung nach dem Erhalt der ehemaligen Kulturhäuser ist inzwischen ermittelt worden. Es kollidiert aber mit der Tatsache, daß das Rechtssystem der Bundesrepublik keine Entsprechungen für die differenzierten Mischformen von Kulturarbeit und Veranstaltungswesen kennt. Bei der Aufstellung der öffentlichen Haushalte gab es schlicht keine normierte Kostenstelle, um den Häusern einen Etat zuzuweisen.[4] Hier müßte nach Ansicht unabhängiger Gutachter umgehend eine etablierte kulturpolitische Praxis verändert werden, um gerade in den ländlichen Regionen den Fortbestand der kulturellen Infrastruktur zu sichern. Dies wird engagierte politische und planerische Interventionen erfordern.

Indem Michael Schroedter diverse Optionen des Umgangs mit den Häusern, auch die graduellen Übergänge in den Verfall, fotografisch versammelt, können seine Bilder ein Letztes leisten. Zwischen dem »AMO« Magdeburg und dem Fall des Zinnowitzer Kulturhauses liegt das ganze Spektrum der Möglichkeiten, auch der Prozeß fortschreitender Erosion, in oftmals schockierender Direktheit offen da. Die Kulturhäuser in Apolda und Hagenwerder wurden bereits abgebrochen, andere in Frankfurt/Oder, Halsbrücke oder in Jena-Göschwitz stehen leer und verfallen. Die Häuser in Gröditz, Calbe, Espenhain und ausgerechnet in Unterwellenborn dienen als Markthallen. Auch eines der hier gezeigten Beispiele, das Kulturhaus der Eisenbahner in Küstrin-Kietz, wurde inzwischen von Randalierern verwüstet. In einigen Kommunen wie in Bitterfeld sehnte man zeitweilig gar einen rettenden Brand herbei. Zuletzt wird an viele Kulturhäuser nur noch eine Fotografie erinnern können.

Was aber endet hier? In den Jahren zwischen 1945 und 1989 ist auf dem Gebiet der DDR ein außerordentlich dichtes Netz von Kultureinrichtungen neu entstanden. Kategorial widersprüchliche Statistiken nennen zwischen 600 und 2.700 spezielle Kultur- und Klubhäuser unterschiedlichster Trägerschaft und Spezialisierung.[5] Seit 1960 verzeichneten sie stetig wachsend mindestens zwei jährliche Besuche pro Einwohner des Lan-

---

2 Horst Groschopp, Kulturhäuser in der DDR. Vorläufer, Konzepte, Gebrauch. Versuch einer historischen Rekonstruktion, in: Thomas Ruben, Bernd Wagner (Hg.), Kulturhäuser in Brandenburg. Eine Bestandsaufnahme, Potsdam 1994, S. 97–176.
3 Ulrich Hartung, Auf der Suche nach dem neuen Menschen. Kulturhausbauten der DDR in den fünfziger Jahren zwischen Traditionalismus und Moderne, Berlin 1996; siehe auch Michael Drewelow, Untersuchungen zur historischen Herausbildung und architektonischen Gestaltung von Kulturhausbauten in der DDR bis 1962, Diss., Berlin 1989.
4 Vgl. auch Peter Vermeulen, Die Sicht des Kulturberaters, in: Thomas Ruben, Bernd Wagner, a.a.O., S. 77-90.
5 Vgl. hierzu Thomas Strittmatter, Strukturwandel oder Substanzverlust? in: Kulturpolitische Mitteilungen 55, 1991, S. 40ff.

des bei öffentlichen Veranstaltungen, die aktiven Teilnehmerzahlen an regelmäßigen Zirkeln und Arbeitsgemeinschaften bewegten sich in dieser Zeit zwischen 130.000 und 200.000 pro Jahr. Über die Bauwerke selbst wurde öffentlich merkwürdigerweise kaum nachgedacht. Das mag daran liegen, daß sie bereits zu Beginn der sechziger Jahre so selbstverständlich waren, daß man wohl konkrete Erfahrungen mit dem Begriff »Kulturhaus« verband, aber kein ideelles Gesamtbild von ihnen besaß. Erst im Wegfall wird man des ehedem Gewöhnlichen gewahr, man sieht auf einmal wieder – oder überhaupt zum erstenmal –, was zur unmittelbaren Lebenssphäre zählte. Diese Häuser waren die Erweiterungen der minimierten, um alle bürgerliche Repräsentanz erleichterten Behausungen. Sie fügten der kleinen, aus ökonomischen Gründen streng normierten Wohnung die gesellschaftliche Bühne hinzu. Hier mietete man sich ein, um Hochzeit zu feiern, man lernte tanzen oder vor vielen Menschen frei zu sprechen. Da man für Geld wenig kaufen konnte, ließ man es leichtherzig »springen«, rauschende Feste waren gang und gäbe. Die erste Oper, ein unvergeßliches Rockkonzert oder Lampenfieber bis zur Ohnmacht prägen den Stoff, aus dem für viele die Erinnerungen sind. Sehr häufig ist von Nostalgie die Rede, wenn inzwischen fast 60 Prozent der Ostdeutschen sich die Frage nach dem Fortbestand ihrer kulturellen Gepflogenheiten stellten. Wer nur die patriarchalisch schweren, altväterlichen Gestalten oder notdürftig dekorierten, funktionalistischen Mehrzweckbauten wahrnimmt, dem mag die Zuwendung zu den Kulturhäusern in der Tat unverständlich scheinen. Kurios und exotisch müssen die hier versammelten Fragmente von Säulen, edlen Tapisserien, schmiedeeisernen Gittern, folkloristischen Details und die Parade wunderlichster Lampen und Leuchter erscheinen. Man sah das alles längst nicht mehr, schön war vor allem der Moment, wenn die großen Kronleuchter erloschen und das Spiel begann. Die Kulturhäuser sind nicht das Leben selbst gewesen. Sie stehen gewissermaßen sinnbildlich für eine konkrete kulturelle Erfahrung, eine Form der Lebensführung, die vielerorts gegenwärtig keine neue Praxis kennt und keine Zukunft zu haben scheint. Sie werfen im Augenblick des Umbruchs die Frage auf, wie schwer es wiegt, was hier bestand, und ob es angemessen ist, es zu verwerfen oder zu musealisieren.

Die Fotografien dieses Buches eröffnen Denkräume, die Ursprung, Idee und mögliche Weiterungen vereinen. Was hier aufleuchtet, ist nicht zuletzt der Widerschein einer viel älteren Geschichte. Hinter ihrer zeitgebundenen, rhetorischen Gestalt hat sich in den Kulturhäusern ein Fünkchen der großen Leidenschaft bei der Suche nach dem anderen, dem rechtschaffenen Leben überliefert, nach dem alten Traum: die Erde eine gute Wohnung für jedermann und der soziale Gedanke ein die einzelnen verpflichtendes Band.

Johann-Georgenstadt
Kulturhaus »Karl Marx«
1956, Fenster
im Treppenhaus

Kulturhaus »Maxim Gorki«
Großenhain, 1952-1957
Saal kurz vor
Konzertbeginn (1994)

Sachsen

Kulturpalast »Otto Grotewohl«
Böhlen, 1949-1952, Frontansicht
vom Vorpark

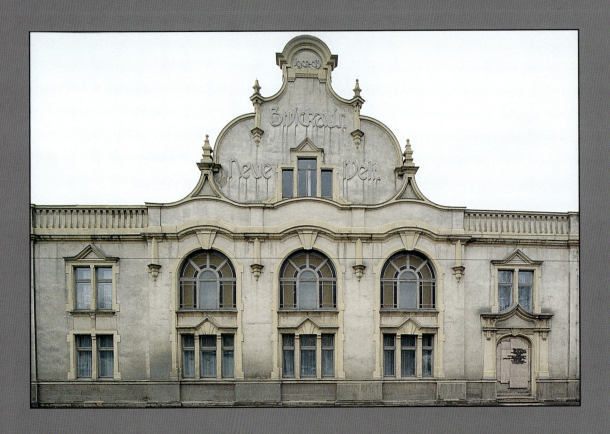

Konzert- und Ballhaus »Neue Welt« Straßenansicht
Zwickau, 1902-1903 Saal

Festspielhaus Hellerau
Dresden-Hellerau, 1910-1912
Portal (1994)

Kulturpalast der Bergarbeiter
Chemnitz-Siegmar, 1949-1950
Vorplatz

Klubhaus »Clara Zetkin«
Espenhain, 1951-1952
Haupteingang

Klubhaus »Clara Zetkin«
Espenhain (Zustand 1994, abgebrannt 1995)

Kulturpalast
»Otto Grotewohl«
Böhlen, 1949-1952
Teilansicht der Front

Saalblick zur Bühne

Saalblick zum Rang

Saal, Seitenansicht

Kulturhaus »Maxim Gorki«
Großenhain, 1952-1957

Straßenansicht
Saalbar unter dem Rang

Eingangsportal

Kulturhaus »Ernst Thälmann«
Aue, 1957-1958
Eingangsfront

Giebel mit Sgrafittogestaltung
Saalfoyer

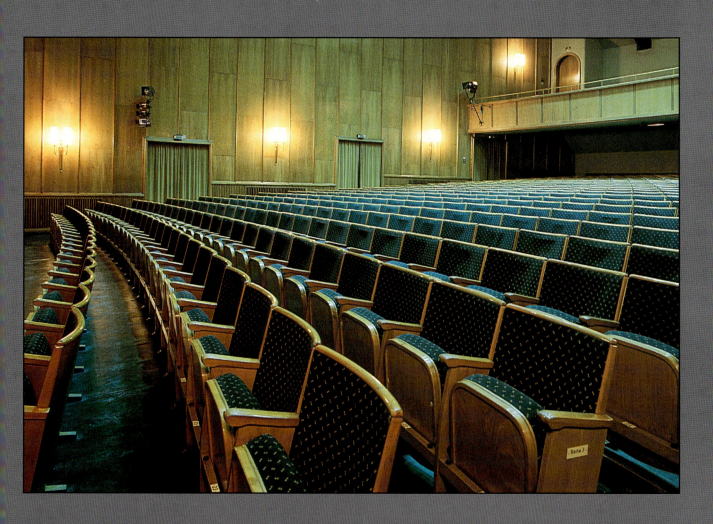

Saalansicht   Kleiner Konzertsaal
(Gardinenmarkt 1994)

Kultur- und Sporthalle »Alfred Scholz«
Hoyerswerda, um 1959
Seitenansicht

Stadthalle Plauen
1989
Frontansicht

Stadthalle Plauen
1989
Hallenfoyer mit Blick auf die Stadt

Sachsen-Anhalt

Kulturpalast »Wilhelm Pieck«
Bitterfeld, 1952-1954
Seitenansicht von der Schwimmhalle aus

Kulturhaus »Walter Ulbricht«
Leuna, 1927-1928
(Wiederaufbau 1946-1948),
Portal (Zustand 1994)

Kulturhaus Tangerhütte
1932
(Um- und Ausbau 1977)
Außenansicht

Kulturhaus Tangerhütte
1932 (Umbau 1957 und 1977)
Saal mit Faschingsdekoration (1994)

Klubhaus der Gewerkschaften »Sella Hasse«
Wolfen, 1927, Wiederaufbau 1950
Straßenansicht mit Bühnenhaus

Saal mit Empore
Eingangsfoyer

Kulturhaus »Marx-Engels«
Zeitz, 1949-1951

Foyer
Saal am Morgen nach einem Fest (1994)

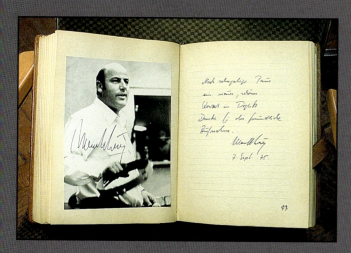

Gästebuch des Kulturhauses Straßenansicht
Rang

Kulturhaus »Marx-Engels«
Zeitz, 1949-1951
Spiegel im Treppenhaus zum Rang

Rangfoyer mit Aquarium

Aus einem Kellerregal (1994)
Lenin, Grotewohl, Pieck,
Ulbricht, Marx

Kulturhaus »AMO«
Magdeburg, 1950-1951
Frontansicht

Ballettsaal mit
Wandbemalung

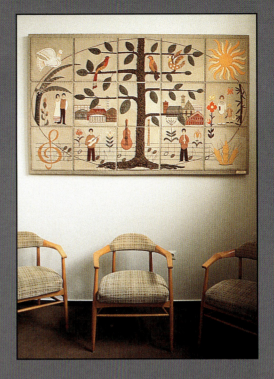

Kulturpalast »Wilhelm Pieck« Bitterfeld, 1952-1954

Außenfassade
Sitzecke mit Wandteppich
Blick in den Saal

Kulturhaus des Kraftwerks Straßenansicht
Harbke, 1953-1954 Saalrückwand

Gaststättenfoyer

Kulturhaus »Haus der Freundschaft«
der Buna Werke, Schkopau, 1952-1958
Ansicht von der Ladenkolonnade aus

Saal mit Neonleuchter   Hauptfoyer mit Aufgang

Simone Hain

Die Salons der Sozialisten.
Geschichte und Gestalt der Kulturhäuser in der DDR

> Wir haben längst das Ritual vergessen, unter dem das Haus unseres Lebens aufgeführt wurde. Wenn es aber gestürmt werden soll und die feindlichen Bomben schon einschlagen, welch ausgemergelte verschrobene Altertümer legen sie da in den Fundamenten nicht bloß. Was ward nicht alles unter Zauberformeln eingesenkt und aufgeopfert, welch schauerliches Raritätenkabinett da unten, wo dem Alltäglichsten die tiefsten Schächte vorbehalten sind.
> *Walter Benjamin*

Debatte im Saal der »Humanistischen Gesellschaft« in Mailand. Der im August 1944 zerstörte Baukomplex umfaßte Schulen, Bibliotheken, Gärten und ein Volkstheater

Von den »Mechanic Institutes« zu den »Maisons du Peuple«.
Zur Geschichte der Volkshausbewegung

Die Geschichte der DDR-Kulturhäuser läßt sich unmöglich erzählen, ohne daß man sich der europäischen Anfänge im 19. Jahrhundert und des dichten Netzes von Volks- und Gewerkschaftshäusern während der Weimarer Republik erinnert. Die Idee ist so alt wie die organisierte Arbeiterbewegung und war eng mit dem Emanzipationsstreben dieser politischen Klasse und der sie furchtsam oder engagiert begleitenden bürgerlichen Reformbestrebungen für eine soziale Aussöhnung der Stände verbunden.[1] Obwohl die Volks-, Gewerkschafts- oder Gemeinschaftshäuser heute fast in Vergessenheit geraten sind, bildeten sie ein neuartiges, außerordentlich bedeutsames Element der modernen Stadt.

Am Anfang der Entwicklung finden sich die zuerst in Großbritannien um die Wende zum 19. Jahrhundert entstandenen philanthropischen und utopisch-kommunistischen Projekte einer Arbei-

A. Norman, Mechanic Institute, Plymouth, 1844

Linke Seite:
Kulturhaus »Haus der Freundschaft« der Buna Werke, Schkopau, 1952-1958
Hauptfoyer

ter- und Volksbildung. In Glasgow, Edinburgh, Leeds, Bradford, Liverpool und anderen Industriestädten des englischen Königreichs entstanden zunächst »Mechanic Institutes« als enzyklopädische Bildungsanstalten und »workmen's clubs«

als Debattier- und Leseeinrichtungen. Chartistenbewegung und früher Syndikalismus wirkten sich gleichfalls auf ideale Siedlungskonzepte und öffentliche Einrichtungen aus. Auswanderer brachten ihre jakobinischen, sozialistischen und liberal-anarchistischen Vorstellungen wiederum nach Amerika, wo während des 19. Jahrhunderts viele Volkshäuser und Klubs entstanden. Besonders erfolgreich war die aus der englischen Settlementbewegung und philanthropischen Konzepten hervorgegangene Initiative zur Gründung von Versammlungs- und Bildungsstätten für die städtischen Unterschichten, in denen kein Alkohol ausgeschenkt wurde. Mit dem Aufschwung der organisierten Arbeiterbewegung hatten verschiedenste Modelle von Volkshäusern, in Belgien, z.B. im »roten Anvers«, wo die 1. Internationale zusammentrat, in den Niederlanden und in Deutschland, in der zweiten Hälfte des 19. Jahrhunderts sehr große Verbreitung gefunden. Insbesondere nach der Aufhebung des Sozialistengesetzes 1890 kam es im Deutschen Reich zu einer machtvollen Entfaltung der Sozialdemokratie und der Gewerkschaften, was sich auch im Bau erster eigener, teilweise sehr großer und stadtbildprägender Gebäude zeigte. Der Soziologe Werner Sombart hat eines von ihnen, das 1900 am Berliner Engelufer errichtet worden war, als »steingewordene Gewerkschaftsidee« bezeichnet und empfunden, es sei »keck, hell, auf sonnigem Plan, [...] ein echter Ausdruck unserer klaren, allzu klaren, aufgeklärten und nüchternen Zeit«.[2]

An der Jahrhundertwende verfügten die deutschen Gewerkschaften bereits über fünfzehn dieser Einrichtungen; bis 1914 war deren Zahl sprunghaft auf 80 angewachsen. In Konkurrenz zur organisierten Arbeiterbewegung, gewissermaßen im Streit um die Seelen der sozial labilen, halbproletarischen Mittelschichten, versuchten darüber hinaus bürgerliche und industrielle Kreise bei der Gründung von Wohlfahrts- und Sozialeinrichtungen gleichzuziehen. Dieser wilhelminischen Reformbewegung ging es vor allem um Verbesserung der schlechten Wohn- und Lebensver-

E. van Averbeke und Jan van Asperen, Haus der freien Genossenschaft »Help U selve« (Helft Euch selbst), Anvers 1898

hältnisse, die die Arbeiter in die Kneipen, zu Politik und Alkohol, trieb. Während sie dabei im wesentlichen auf die Bindungskraft der Familie und des eigenen Heims mit Nebenerwerbsmöglichkeiten setzten, zielte die Kulturpolitik der organisierten Arbeiterbewegung dagegen auf vollkommen neue Formen des Zusammenlebens ab, die weit über den Rahmen der Kleinfamilie hinausgingen. Der politische Sozialismus zeichnete sich gerade durch seine kulturellen Ziele aus:

Das häusliche Leben wird sich auf das Notwendige beschränken, dagegen wird dem Geselligkeitsbedürfnis das weiteste Feld eröffnet werden. Große Versammlungslokalitäten für Vorträge und Disputationen und zur Besprechung aller gesellschaftlichen Angelegenheiten, über die künftig die Gesamtheit souverän entscheidet, Speise-, Spiel- und Lesesäle, Bibliotheken, Konzert- und Theaterlokale, Museen, Spiel- und Turnplätze, Parks und Promenaden, öffentliche Bäder, Bildungs- und Erziehungsanstalten aller Art, Laboratorien usw., alles auf das Best-

1 Die bisher umfassendste Darstellung zur europäischen Volkshausbewegung findet sich in dem Band von Biscossa, Borsi, Braumann et.al., Architecture pour le Peuple. Maison du Peuple, Brüssel 1984; vgl. dazu auch Marco de Michelis (Hg.), Case del Popolo: Un'architettura monumentale del moderno, Venedig 1986; zu den deutschen Volkshäusern vgl. Klaus-Dieter Mahn, Volkshäuser, Diss., Halle 1983.
2 Werner Sombart, Das Berliner Gewerkschaftshaus, in: Die Eule (1900), S. 133-137.
3 August Bebel, Die Frau und der Sozialismus (1897), Frankfurt a.M. 1985, S. 500.

Links:
Annonce des Kunstvereins Jena und Ansicht des Volkshauses von A. Roßbach

Rechts:
Volkshaus Leipzig, 1906, nach der vollständigen Zerstörung während des Kapp-Putsches 1923 wieder eingeweiht

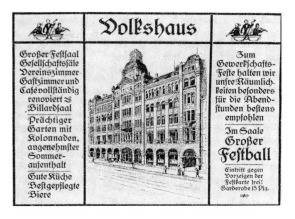

mögliche ausgestattet, werden Kunst und Wissenschaft und jeder Art Unterhaltung die reichlichste Gelegenheit bieten, das Höchste zu leisten.³

Seit 1901 gab es in Deutschland außer den Bestrebungen der SPD und der Gewerkschaften eine in verschiedenen Vereinen organisierte, bürgerlich-sozialreformerische Volksheimbewegung mit einem eigenen Verlag und einer Wochenschrift, der *Hilfe*, die den Bau von Volkshäusern förderte.

Theodor Fischer, Ansichtszeichnung der Pfullinger Hallen, 1904

Vielfach waren es auch private Mäzene und Stifter um die Zeitschrift *Der Arbeiterfreund*, die, wie etwa die Carl-Zeiss-Stiftung in Jena, den Bau großer Häuser finanzierten. Das Jenaer Volkshaus wurde durch die engagierte Tätigkeit des Kunstvereins zu einem der wichtigsten Zentren moderner Kunst in Deutschland. Aus bürgerlichen Kreisen stammten die Mittel für die beispielgebenden Bauten Theodor Fischers in Pfullingen (1902), Worms (1906) und Stuttgart sowie für den Bau der Volkshäuser in Jena (1906), Leipzig (1902) und für den Volkspark in Halle (1907). Anders als die prächtigen Gesellschaftshäuser des Großbürgertums, die im wesentlichen Ballsäle und großzügige Räumlichkeiten für repräsentative gesellschaftliche Ereignisse enthielten, erfüllten die Volkshäuser der Arbeiterschaft bei oft gleicher festlicher Ausschmückung wesentlich vielfältigere Funktionen. Das Raumprogramm der Volkshäuser hatte im Prinzip all jenen Kommunikationsbedürfnissen Rechnung zu tragen, für die die Arbeiterwohnung zu eng war und zu deren Befriedigung ein einfaches Einkommen nicht ausreichte. So übernahmen sie auch Aufgaben, denen in den bürgerlichen Häusern die Empfangsräume, Herrenzimmer oder die Familiensammlungen und Bibliotheken entsprachen. Dort, in den bürgerlichen Salons, wurde über politische oder literarische Fragen debattiert, musiziert oder wissenschaftlichen Vorträgen gelauscht. Man inszenierte Theaterstücke, veranstaltete Feste für die Kinder, holte sich nebenbei Rat und gesellschaftliche Unterstützung bei seinen Gästen und stiftete Ehen, die den sozialen Status befestigen sollten. Diese Formen von Sittlichkeit und Kultur lagen auch den Konzepten der Volkswohlfahrt und der Sozialfürsorge zugrunde, die Teile des Bürgertums als engagierte »Arbeiterfreunde« entwickelten.

Neben den ausgeprägt philanthropischen Bestrebungen bildete sich seit 1917 mit der Gründung des »Deutschen Volkshausbundes« eine auf politische Autonomie bedachte, antibürgerliche Gegenbewegung heraus, die von privaten und körperschaftlichen Mitgliedern, Einzelpersonen (Künstlern und Intellektuellen), proletarischen Freidenkervereinen, Arbeiterorganisationen und freien Gewerkschaften getragen wurde. Ihr gehörten Architekten wie Ludwig Mies van der Rohe, Bruno Taut und Bruno Paul an. Diese dritte einflußreiche Strömung der deutschen Volkshausbewegung unterschied sich von der sozialdemokratischen, später auch kommunistischen durch ihren parteiübergreifenden, politisch unabhängigen Charakter und von den reformbürgerlichen Vereinen durch umfassende Selbsthilfekonzepte und Prinzipien genossenschaftlicher Selbstorganisation. Einige der führenden Vertreter dieses »Volkshausbundes« standen wie Bruno Taut den anarchistischen Gesellschaftskonzeptionen eines Peter Kropotkin oder Gustav Landauer sehr aufgeschlossen gegenüber oder bezogen sich wie Hans Scharoun unmittelbar auf philosophische Konzepte des religiösen Sozialisten Martin Buber. Weihnachten 1918 veröffentlichte der parallel zu den Arbeiter- und Soldatenräten gegründete »Arbeitsrat für Kunst« eine Flugschrift, in dem als eine der wichtigsten Aufgaben der sozialistischen Regierung die Errichtung von Volkshäusern gefordert wurde. Mit einer Serie fantastischer Zeichnungen und Projekte begleiteten die expressionistischen Künstler die politische Aufgabe durch visionäre Bilder.

Volkshausentwürfe entstanden auch als Symbole eines radikalen Pazifismus, als Gegenprojekte zu Kriegerdenkmälern und Weltkriegsgedenkstätten. Gleichzeitig verkörperten sie den Versuch einer linken Konstruktion des Völkischen als einer den Prinzipien der Solidarität folgenden Verbrüderung aller Stände, »[...] wo nicht mehr ein fünfter und sechster Stand als Volk gilt, sondern wo Stand um Stand Glied einer Kette ist«. Auch in ihren bildungs- und kulturpolitischen Zielen spiegeln sie unmittelbar die humanistischen Ideale der Novemberrevolution und der von einer künstlerischen und sozialwissenschaftlichen Elite geführten Münchner Räterepublik wider: »Hier soll geistiges Leben quellen [...]. Kopf- und Handarbeiter, Künstler und Kaufmann, Gelehrter, Laie, Städter oder Landmann sollen hier im wechselseitigen Geben und Nehmen sich als Einheit fühlen und verstehen lernen. [...] Verwechseln wir solche Arbeitsgemeinschaft auch nicht als Volksunterhaltung [...]. Es muß ein wirklicher Umsatz geistiger Güter werden und alle großen und kleinen Menschheitsfragen müssen hier [...] diskutiert werden können, und die Hörer, die unter dem Dache des Volkshauses zusammenfinden, müssen wieder Kulturträger für ihre Umgebung [...] werden.«[4]

Insbesondere in der revolutionären Nachkriegszeit und während der Blütezeit der Weimarer Republik entwickelte sich das Volkshaus zu einem zentralen Thema der deutschen Städtebautheorie und war Gegenstand zahlreicher Wettbewerbe und Planungen.[5] Bekannt geworden sind vor allem die großen Wettbewerbe für Volkshäuser in Halle, in Potsdam-Babelsberg und in Lübeck. Bis zum Ausbruch der Weltwirtschaftskrise nahm die Zahl der Neubauten von Jahr zu Jahr zu, so allein 1925 um 98 Häuser und 1926 um 20. Im Jahrbuch des Allgemeinen Deutschen Gewerkschaftsbundes werden 1931 insgesamt 175 partei- und gewerkschaftsgebundene Häuser im Verbund der »AG deutscher Gewerkschafts- und Volkshäuser« aufgeführt, davon allein 32 im Freistaat Sachsen und weitere 32 in Mitteldeutschland. Der autonome, d.h. partei- und gewerkschaftsunabhängige, »Deutsche Volkshausbund« seinerseits verfügte 1926 über 48 Häuser in Deutschland und Österreich.[6]

---

4 Ph. Weber, Volkshaus, Volkshochschule und Volksbücherei, in: Hochwacht (1919), S. 246.
5 Kurt Junghanns, Joachim Schulz, Das Volkshaus als Stadtkrone, 1918 bis 1920, in: Deutsche Architektur, 1964, S. 492ff.
6 Vgl. Heinz Marohn, Die Volkshäuser – Aufgaben und Wirkungen, in: Sozialistische Kulturpolitik, III.4, S. 35.

»Ein Volkshaus, wie es sein sollte«. Programm und Gestalt der Volkshäuser der Arbeiterbewegung

Mit ganz ähnlichen Anliegen wie im Fall der erwähnten englischen »workmen's clubs« war bereits 1848 in Leipzig vom Arbeiterverein »Am Petersschießgraben« eine gemeinschaftliche Wirtschafts- und Speisenanstalt mit der Absicht gegründet worden, über einfache Lebenshilfe und preisgünstige Verpflegung hinaus Arbeitern durch Unterricht zu höherer gewerblicher Qualifizierung zu verhelfen. Daher stattete man das Haus mit einer Vereinsbibliothek sowie mathematischen und physikalischen Demonstrationsapparaten aus. Dieses älteste bekannte Volkshaus in Deutschland wurde allerdings bereits 1854 aufgrund preußischer Intervention verboten. Gerade dieses Verbot machte den autonomen, proletarischen Charakter des Leipziger Unternehmens im Vergleich zu den vom Bürgertum initiierten Volkskaffeehäusern, Volksbibliotheken und Bildungsvereinen deutlich. Während das preußische Außenministerium in Leipzig energisch eingriff, duldete man in Berlin den bereits 1844 durch Hedemann und Lette gegründeten Handwerkerverein, der in einem Lokal in der Johannisstraße wohl ein dem Leipziger Arbeiterverein durchaus

Spendenmarken für den Wiederaufbau des Volkshauses Leipzig

vergleichbares Bildungsprogramm entwickelte, allerdings eher im Interesse einer Befriedung denn einer Emanzipation der Arbeiter wirkte.

Auch die später errichteten Volkshäuser blieben noch bis in die Zeit der Weimarer Republik weitgehend Mischformen von Herberge und Versorgungsstelle für Wanderburschen und alleinstehende Arbeiter und gefragter Ort einer proletarischen Gegenkultur. Die größten Häuser unter ihnen, etwa in Hamburg, Berlin, Breslau, Erfurt und Riesa, wuchsen sich wie das Leipziger Volkshaus mitunter zu außerordentlich erfolgreichen Wirtschaftsunternehmen aus. Dem großen Haus in der sächsischen Industriemetropole gehörten als Eigenbetriebe eine Herberge, eine Fleischerei, eine Bäckerei, eine Wäscherei, eine Sparkasse (1928 mit 2.147 Konten über 2.395.824,04 Reichsmark), ein Weinkeller sowie Eigenkeltereien an Rhein und Mosel. Das Personal des Hauses belief sich auf 48 Angestellte.

Obwohl sich mit der Zeit in der Arbeiterbewegung das Bild eines perfekten Volkshauses mit Sälen, Bibliotheken, Ausstellungs- und Sammlungsräumen, Lichtbildeinrichtung und Kinematographen, Kegelbahn und Turnsaal, mitunter auch mit Brause- oder Wannenbädern, Zimmern für soziale Fürsorge und mit einem Jugendheim und Herbergsunterkünften, Verwaltungsräumen, Auskunftsstellen, Arbeitersekretariaten, Gast- und

Volkshaus Riesa, 1930

Volksküchenräumen verfestigte, waren sie jedoch in jeder Beziehung bautypologisch uneinheitlich, mußten es je nach den lokalen Gegebenheiten auch sein.

In der Regel wurde der Bau der Häuser »frei von Kapitalabhängigkeit« aus monatlichen Spendenmitteln der Arbeiter finanziert, manchmal auch überregional durch den Verkauf sogenannter Bausteine, Papiercoupons, aufgebracht. Die kleineren Häuser mit einem Sälchen, Nebenräumen und Gartenrestauration waren gelegentlich in Selbsthilfe errichtet oder lediglich gepachtet worden. Selbst auf dem einfachsten Ausstattungsniveau aber stellten die Volkshäuser eine willkommene Ergänzung und ein Angebot dar, das die oft überbelegte, ärmliche Arbeiterwohnung nicht bieten konnte. Man nahm in hell erleuchteten, warmen Räumen an gedeckten Tischen Platz, konnte einfache Speisen zu sich nehmen, mußte dies aber nicht, und hatte Zugriff auf Zeitungen, Zeitschriften und Bücher. Außer zu politischen Themen wurden Vorträge zur Gesundheitspflege, Pädagogik, Heimatkunde und zur allgemeinen und beruflichen Fortbildung auf mehr als 150 Sachgebieten gehalten. Einen ausgesprochen wichtigen Wirkungsbereich nahmen zu allen Zeiten kulturelle Belange ein. Laienspiel und Musikgruppen zogen viel Interesse auf sich und erfreuten sich lebhafter Teilnahme. Das zeigt sich nicht zuletzt darin, daß die politischen Köpfe der Arbeiterbewegung nicht selten eifersüchtig über den »Unfug des Theaterdilettantenklimbims« und den musikalischen Amüsierbetrieb schimpften und wohl auch die weitere Tätigkeit untersagten, wenn es ein dramatischer Zirkel wie 1911 in Halle gar zu bürgerlich-unterhaltsam trieb.

Wie hoch die kulturellen Wertvorstellungen vom »Volkshaus, wie es sein sollte« bereits vor dem Ersten Weltkrieg waren, wird in einer Programmschrift des Deutschen Arbeiter-Abstinentenbundes deutlich, die vermutlich aus dem Jahre 1913 stammt, in der es mit den Worten des anhaltinischen Reichstagsabgeordneten Heinrich Peus hieß:

Das Volkshaus der Zukunft muß das schönste Haus der Stadt oder des Ortes sein. Es muß schöner sein als die Kirche der Vergangenheit. Möge sich auch die Opferwilligkeit, es zu bauen und auszuschmücken, ähnlich groß erweisen wie bei den Gläubigen der Vergangenheit ihren Kirchen gegenüber. Das Volkshaus wird ja auch die Kirche der Zukunft sein. In seinem Äußeren sei es so prachtvoll, wie seine hohe Bestimmung es verlangt. Seine Säle seien ein Muster von Solidität und Eleganz! Jedes Bild, das eine Wand schmückt, sei ein schönes Kunstwerk! Man dulde keine häßlichen Plakate, am wenigsten solche geschäftlichen Charakters. Das Volkshaus soll auf Schritt und Tritt die Seele seiner Besucher den Idealen zuwenden, die das menschliche Gemeinschaftsleben adeln. Überaus glänzend sei die Beleuchtung des Volkshauses. Viel helles Licht, da wo es hingehört, belebt die Seelen, und die Arbeiterseelen verdienen es besonders, belebt zu werden, um auch dadurch ein Gegengewicht gegen die Eintönigkeit des Lebens in der Teilarbeit zu schaffen. Durch gute Beheizung und Ventilation sei das Volkshaus jederzeit ein angenehmer Aufenthalt. In jedem Volkshaus gebe es eine gute Bibliothek, ein stilles Lesezimmer mit guten Büchern, wertvollen Zeitschriften und den täglichen Zeitungen. Das Volkshaus habe Säle mit Unterrichtsmitteln aller Art, damit es jederzeit auch ein Stück Volkshochschule werden kann. Es gebe ferner in jedem Volkshause Gelegenheit zu allerlei Spielen. [...]
Im Volkshaus sei ein Konzertsaal und ein Theater, und über beider Programme entscheide die Leitung der organisierten Arbeiter selber! Nicht mehr entscheide darüber die Profitsucht eines privaten Unternehmers! Das Volkshaus ist auch berufen, den Stand des darstellenden Künstlers von unwürdigen Fesseln zu befreien. Man besuche das Volkshaus nicht in Arbeitskleidung! Nicht weil das Kleid der Arbeit an sich nicht würdig wäre! Aber im Volkshaus sollen wir Genossen und Staatsbürger sein. Im Volkshaus soll die Arbeitstechnik, die uns Menschen in Vertreter bestimmter Teile der gesellschaftlichen Arbeit teilt, zurücktreten. Das Volkshaus sei gleichzeitig ein Ort ernsthafter Beratung wie Belehrung und schönsten, edelsten Vergnügens. Es biete in jeder Beziehung die besten Räumlichkeiten und sonstigen Hilfsmittel für nützliche Erfüllung unserer freien Muße![7]

7 Heinrich Peus, Das Volkshaus, wie es sein sollte, Berlin o.J. [1913], S. 13-15.
8 Über die Geschichte der sozialdemokratischen Kultur- und Freizeitorganisation liegen hervorragende Untersuchungen vor, so z.B. Historische Kommission von Berlin (Hg.), Solidargemeinschaft und Milieu. Sozialistische Kultur- und Freizeitorganisation in der Weimarer Republik, 5 Bde., Bonn 1990-1993.

Brüder Vesnin, Volkshaus für Arbeiter, Vičuga, Rußland, 1918

Laufe einer weit mehr als hundertjährigen wechselvollen Geschichte vielfältige architektonische und städtebauliche Formen angenommen. So finden sich palladianische Arbeiterinstitute in Großbritannien, klassizistische Volkshäuser in Rußland und französische »Maisons du Peuple« im Dekor eines gründerzeitlichen Historismus, hier gotisierend, dort Neorokoko. Sie waren auf innerstädtischen Parzellen in Häuserblocks eingebunden oder haben ihre Wirkung in landschaftlich orientierten Gartenstädten oder als *points de vue* vor den Werktoren der Fabriken gesucht. Seit der Jahrhundertwende allerdings wurde diese sozial neuartige Bauaufgabe von den führenden Archi-

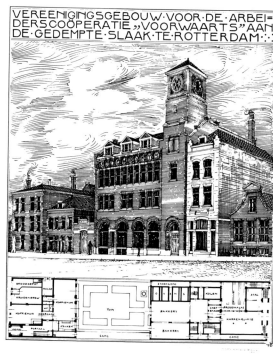

Links: H.P. Berlage, Sitz der Genossenschaft »Voorwaarts«, Rotterdam, 1906 (1940 zerstört)

Rechts: Victor Horta, Maison du Peuple, Brüssel, 1899, Außen- und Innenansicht

Mit der Gestalt der Volkshäuser verhält es sich fast wie mit den Synagogen, die sich dem jeweiligen Ort und den sich wandelnden Selbstdarstellungsbedürfnissen immer aufs neue anzupassen verstanden. Es ginge in diesem Rahmen zu weit, auf die jeweils im konkreten Einzelfall mit den regional wie historisch wechselnden Stilhüllen verbundenen Wertedebatten und kulturellen Strategien der Volksaufklärung einzugehen.[8] Jedenfalls hat der Typ des Volks-, Fest- oder Kulturhauses im

tekten gerade auch als Experimentierfeld auf der Suche nach einer modernen, vom Ballast historischer Stilformeln befreiten Ausdrucksqualität begriffen. Dem Belgier Victor Horta gelang es mit seinem Brüsseler »Maison du Peuple« erstmals, sein Haus auch in Form und Anmutung augenfällig als revolutionär zu präsentieren. Das in lichten Jugendstilformen errichtete Gebäude war konsequenterweise allen kaschierenden Dekors entkleidet und erschien in der Offenlegung von Konstruktion und Material, Gußeisenskelett und Backsteinausfachung, klar und schön wie eine Maschine. Die Ästhetik der alltäglichen Arbeitswelt sollte die Arbeiter auch in die Stunden der festlichen und solidarischen Zusammenkunft im Volkshaus begleiten, die Entfremdung von Produktions- und Freizeitsphäre verschwinden. Der 1968 erfolgte Abbruch dieses schönsten der frühen Volkshäuser Europas war ein erster schwerer kultureller Verlust und kann für die Zukunft in Ostdeutschland wohl als Menetekel gelten.

Von Stadtkronen, freien Gütern und kosmischer Harmonie.
Das Volkshaus als konkrete Utopie

In Deutschland bestand im Gegensatz zu Hortas ausgesprochen großstädtisch-moderner Erneuerung lange Zeit eher die Tendenz, die neue Bauaufgabe Volkshaus weniger ästhetisch-innovativ zu lösen als vielmehr den Baugedanken vor allem ethisch zu propagieren und ihn zum anderen strukturell-funktional weiterzuentwickeln. Das hatte im wesentlichen zwei Folgen: Einerseits ging es um die symbolische und ausdrucksstarke Form für das angestrebte Ideal, andererseits verband sich mit dieser Zielsetzung die Frage nach der räumlichen Neuordnung der Lebensweise und des gesamten Siedlungssystems.

Besonders auffallend war zunächst ein starker Trend zur Monumentalisierung im Städtebau. Die Architekten Fritz Schumacher und Otto Kohtz, der Künstler Fidus, aber auch Albinmüller und Edgar

Otto Kohtz, Zeichnung einer idealen Stadtkrone, 1908

Kaufmann traten mit Projekten und Zeichnungen hervor, in denen das Volkshaus als symbolische Großplastik inszeniert wurde. Sie versuchten, es als »Kirche einer neuen Gemeinschaft«, als laizistischen Kultbau eines quasireligiösen »sozialen Gedankens« zu entwerfen. Der Wunsch nach Monumentalisierung äußerte sich in maßstabssprengenden Volumina, in der Hervorhebung des Bauwerks innerhalb der Stadtsilhouette oder in der Freistellung der Baukörper in einem durch Treppen, Wasserbecken oder Einfriedungen gewonnenen Freiraum, einer Art heiligem Bezirk.

Arbeitsrat für Kunst, Kopftitel einer Flugschrift von Max Pechstein, 1919

Hans Scharoun, »Ich-Du-Ich«, Tuschezeichnung, 1920

Rechts: Wahlaufruf, 1918/1919

9 Zit. nach Eberhard Steneberg, Arbeitsrat für Kunst, Berlin 1918-1921, Düsseldorf 1987.
10 Bruno Taut, Die Stadtkrone, Jena 1919, S. 60.

Das zunächst unbestimmt visionäre Konzept erfuhr in der Revolution von 1918 schließlich seine programmatische Entfaltung und kulturpolitische Konkretisierung; es wurde wesentlicher Bestandteil revolutionärer Forderungen des »Arbeitsrates für Kunst«: »Kunst und Volk müssen wieder eine Einheit bilden. Die Kunst soll nicht mehr Genuß Weniger, sondern Glück und Leben der Masse sein. Zusammenschluß der Künste unter den Flügeln einer großen Baukunst ist das Ziel.«[9]

Man verlangte von der sozialistischen Regierung den unverzüglichen Beginn großer Volkshausbauten, in denen Aufführungsmöglichkeiten für Theater und Musik ebenso vorhanden sein sollten wie beispielsweise Unterkünfte und soziale Einrichtungen wie Volksküchen und öffentliche Bäder. Künstler wie Lyonel Feininger oder Hans Scharoun begleiteten diese als Ziel der Revolution bestimmten kulturellen Strategien mit visionären Zeichnungen und Aquarellen. In Bruno Tauts Schriften hat das Bestreben, die neue Regierung für diese wichtigen Bauaufgaben zu verpflichten, schließlich den reifsten Ausdruck gefunden. In seinem auf dem Höhepunkt der deutschen Novemberrevolution verfaßten anarcho-sozialistischen Werk *Die Stadtkrone* heißt es:

> Es gibt ein Wort, das gleichsam ein Christentum in neuer Form verheißt: der soziale Gedanke [...]. Der Sozialismus im unpolitischen, überpolitischen Sinne, fern von jeder Herrschaftsform als die einfache schlichte Beziehung der Menschen zueinander, schreitet über die Kluft der sich befehdenden Stände und Nationen hinweg und verbindet die Menschen mit den Menschen. Wenn etwas heute die Stadt bekrönen kann, so ist es zunächst der Ausdruck dieses Gedankens.[10]

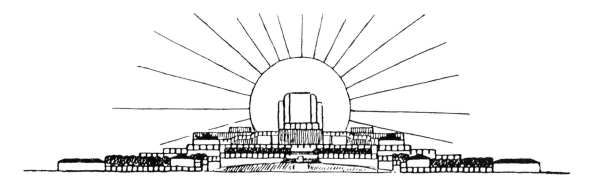

Bruno Taut, Idealentwurf der Stadtkrone, 1919

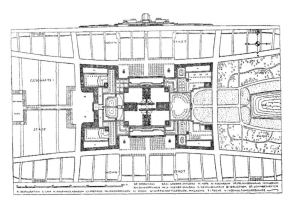

Bruno Taut, Idealentwurf der Stadtkrone, 1919

Taut entwarf in dieser Schrift einen repressionsfreien, zentralen Stadtraum als ideale Gesellschaftskrone. Statt als Sitz einer alles überragenden Institution, einer verpflichtenden Macht an der Spitze der gesellschaftlichen Pyramide, erweist sich die »Stadtkrone« als eine Art Akropolis auf dem über der Stadt gelegenen Hügel, als ein Ort ungerichteter Kommunikation. Seine zweckfreie, leere Mitte wird durch ein kristallines Gebäude besetzt, das ausschließlich der Meditation dienen soll. In seiner Transparenz symbolisiert es den Gedanken der kosmischen Harmonie des mit sich versöhnten Menschen. Ringsherum sollte sich der 800 x 500 Meter große Kern der Stadt in Ergänzung der normierten Kleinhäuser als Bezirk aller denkbaren »Formen der Lebensfreude erstrecken, ohne sie vom Bezirk der Schlösser, Rathäuser und Kirchen alter Zeit« herzuleiten: »ein großes Volkshaus auf weitem freien Gebiet, gebil-

Bruno Taut, Blatt zum Volkshausgedanken aus der Mappe »Die Auflösung der Städte oder Die Erde eine gute Wohnung«, 1919

11 Bruno Taut, An die sozialistische Regierung, in: Sozialistische Monatshefte, 24 (1918), H. 2, S. 1051.

Bruno Taut, Titelvignette zum Buch *Die Stadtkrone*

det aus vielen Gebäuden für Schauspiel, Musik und Kultur«.[11] Im Gegensatz zur gewinnträchtigen, dichten Überbauung in den Geschäftszentren der kapitalistischen Stadt nahm hier der Freiraum unter offenem Himmel flächenmäßig einen hohen Anteil am Gesamtgefüge ein. Dabei ließ sich Bruno Taut strukturell vom Prinzip des Dresdner Zwingers leiten, einem Bauwerk, das er wegen seiner bauplastischen Feinheit und vielfältigen festkulturellen Bespielbarkeit außerordentlich schätzte. Er zeichnete und berechnete die Baukosten für ein geometrisches Gefüge von Höfen, Arkaden, Gebäuden, Aquarien, Kaskaden, Wasserkünsten, Sommertheatern, Pflanzenhäusern und Fischteichen mit erlesenen Gewächsen und Tieren, Wandelgängen und Galerien. Dem flanierenden Müßiggänger und aller Art von Spiel geweiht, sollten hier wie in Charles Fouriers idealem Sozialpalast für alle zugänglich die baukünstlerischen Mittel – erlesenes Material, anmutige Details, feinteilige Ornamente, farbiges Glas und mannigfaltige Lichteffekte – einen prachtvollen Anblick bieten. »Alles ist für alle zugänglich, [...] jeder geht dahin, wohin es ihn zieht [...].« Tauts Konzept der Stadtkrone als einer zweckfrei zum Genuß einladenden, machtpolitisch autonomen gesellschaftlichen Mitte ist zum Symbol, zum idealen Anspruch und zum konkreten Modell der gemeinwirtschaftlich organisierten Stadt des 20. Jahrhunderts geworden. Im übertragenen Sinn ist sie als ein großer Garten der Lüste zu betrachten, der dem sozialen Gedanken universeller Gleichheit aller Menschen gewidmet ist. Als stadträumliches Projekt stellte die Stadtkrone die Synthese aus Johann Wolfgang von Goethes »Osterspaziergang« und dem Arbeiterlied »Brüder zur Sonne zur Freiheit« dar. Die Verheißung beider Dichtungen galt wie die Tautsche Idealplanung der Auferstehung des ungeteilten Menschen.

Aber auch die »Stadt« selbst, die solche ideale Bekrönung erfahren sollte, war keineswegs als metropolitane Großstadt oder als zentrale politische Einheit gedacht, sondern bestenfalls als Stadt mittlerer Größe. Die in der Verzweiflung während des Ersten Weltkriegs gewachsene Vision, das Volkshaus zum monumentalen Kultbau einer neuen solidarischen Gemeinschaft, eines idealen überparteilichen Sozialismus zu entwickeln, entfaltete sich gerade auch in Tauts eigener Praxis mit stark regionalistischen, räumlich dezentralen Konsequenzen. Dabei war zumeist weniger die möglichst symbolische, stark rhetorische Raumgestalt als vielmehr die innere Organisation und die Rücksichtnahme auf das architektonisch-soziale Umfeld maßgebend. Form erschien als eher nachgeordnetes Moment einer erst zu findenden inneren Struktur.

Die Mehrzahl der kleinen und mittleren Volkshäuser entstand in unmittelbarem Zusammenhang mit der Gartenstadtbewegung oder den stärker autonom orientierten Reformsiedlungskonzepten des deutschen Agrarsozialismus. Sie sollten sowohl die kulturelle Dominanz der großen Metropolen als auch durch kulturelle Kolonisation im Verflechtungsbereich der Metropolen die wechselseitigen Nachteile großstädtischer und ländlicher Siedlungsformen mit ihrem freien Landschaftsraum überwinden helfen. Durch eine vollständig neue, im heutigen Sprachgebrauch als ökologisch oder alternativ zu bezeichnende Lebensweise sollte bereits zu Beginn des 20. Jahrhunderts der vollständigen Durchdringung sämtlicher Lebensbereiche durch den Kapitalismus die Stirn geboten werden. Auch Bruno Taut plädierte für die Auflösung der Städte und sah in der neuen Siedlung auf freier Scholle einen Menschheitstraum verwirklicht: »Die Erde eine gute Wohnung!«

> Allzu fest verklammert und verklebt ist die Anschauung, welche am Bestehenden, zur Tatsache gewordenen haftet. Sie fürchtet das Verlassen eines Staatsgefüges, das nun einmal auf Zentralisation der Industrie, auf Arbeitsteilung, auf Trennung von Stadt und Land und auf Zusammenballung in großen Städten beruht. [...] Wir wollen uns das neue Angesicht der Erde vor Augen stellen: große Güter wie heute, genossenschaftlich und so bewirtschaftet, daß mehr Menschen als heute sie beackern und da-

von leben können. Alle Ödländereien mit Kleingütern und Gärten bedeckt, dazwischen Wälder, Wiesen und Seen. Dann eingestreut weit ausgedehnte Siedlungen mit kleinen Häusern, mit Hütten und Gärten [...] In den Siedlungen schwindet der »Städtebau« ganz, das einzelne Haus erhält eine ganz neue Bedeutung. Und ebenso der losgelöste Bau. Erheben wir uns dann im Ballon über die Erde, so sehen wir unter uns, wie Sandkörner hingestreut, die Häuser, bisweilen auch in Reihen zusammengefaßt. Die Sandkörner schließen sich zusammen, und je höher wir steigen, sind sie wie ein Nebel, der bald dichter, bald dünner das grüne Land überzieht. Und in diesem Nebel leuchten einige funkelnde Stellen auf, kleine und größere, wie Sterne am Himmel. Es sind die Kultbauten, aus Glas errichtet, die des Nachts leuchten. Alles ist aufgelockert, die Menschen verstehen nun erst die Loslösung des architektonischen Kunstwerkes, und dieses blüht hier und da wie eine seltene kostbare Blume. Die Sterne am Himmel und die Sterne auf der Erde grüßen sich.¹²

Freiheit und Bindung.
Selbstbestimmung oder choreographierte Gemeinschaft als kulturelle und architektonische Strategien

Auf dem Gebiet des siedlungsbezogenen, am Rand der Ballungsräume gelegenen Volkshauses stehen sich bezeichnenderweise die Konzepte Heinrich Tessenows und Bruno Tauts als markante Gegenpole gegenüber. Heinrich Tessenow hatte 1910-1912 für die erste deutsche Gartenstadt in Hellerau neben dem zusätzlich geplanten Volkshaus ein großes Festspielhaus für die Schule des Tanzpädagogen Emile Jaques-Dalcroze errichtet. Seine Auftraggeber waren mit Alexander von Salzmann und Wolf Dohrn wohlhabende bürgerliche Mäzene, denen es für eine kurze Zeit vor dem Ausbruch des Ersten Weltkriegs gelang, den kleinen Flecken inmitten der Dresdner Heide in ein vielbesuchtes Zentrum und in ein Experimentierfeld europäischer Avantgardekultur zu verwandeln. Diese aufgeklärten bürgerlichen Gesellschaftskreise hatten sich ganz dem Projekt ergeben, die drohende Entfremdung der arbeitsteiligen Industrieproduktion durch ästhetisch qualifizierte Produkte und Werkstättentechnologien einerseits und Eurhythmie¹³ in alltäglichen Lebenssphären andererseits zu überwinden. Hellerau, die Gartenstadt mit den Deutschen Werkstätten und der Schule Jaques-Dalcrozes, war gewissermaßen ein kulturelles Alternativprojekt »von oben«, das dem Lebensstil einer künstlerischen, industriellen und bildungsbürgerlichen Elite entsprach. In gemeinsamem Tanz, in harmonischer Bewegung und in sublimer Ästhetisierung aller Lebensbereiche wollte man die Klassenschranken niederreißen. Das Festspielhaus mit dem Yin-Yang-Zeichen am Giebel war äußeres Zeichen dieser angestrebten Versöhnung. Typologisch kombinierte Tessenow ein profan mittelstädtisches Geschoßhaus mit einem quergestellten Saalbau, den er in der Hauptfassade durch einen hochformatigen, tempelartigen Portikus streng akzentuierte. Dieser herbe Schaugiebel trotzte der bisweilen sentimentalen Idylle der umliegenden Gartenstadt und verlangte der zerstreuten Alltäglichkeit ihrer Bewohner ein Höchstmaß an festlicher Gestimmtheit und Konzentration ab. Der Vorplatz des Festspielhauses fungierte wie ein Tempelbezirk als »Filter« zwischen alltäglicher Lebenspraxis und dem Ort meditativer Entäußerung. Der Portikus hatte somit eine klassische, unheilabweisende Funktion: Er schied die Welt der Innerlichkeit von allem Profanen, Oberflächlichen und sensuell Reizvollen, das die Gartenstadtbauten Paul Schmidthenners verkörperten. Indem Tessenow

Paul Goersch, Kopfvignette für die *Sozialistischen Monatshefte*, 1919

12 Bruno Taut, Die Erde eine gute Wohnung, in: Die Volkswohnung 1 (1919), H. 4, S. 7f.
13 Eurhythmie: Harmonie, Gleichklang der Bewegungen; im Kontext der Reformbewegung der Kaiserzeit weit verbreitete tänzerisch-gymnastische Leibesübung zur seelischen Gesundung.

Heinrich Tessenow, Bildungsanstalt Jaques-Dalcroze mit dem Festspielhaus, Hellerau, 1910-1912

im Inneren konsequent jegliches Dekor aufgab und in genauer Abstimmung mit Adolphe Appias metaphysischen Bühnenbildern darauf verzichtete, architektonisch etwas »erzählen« zu wollen, schuf er ein Werk, das wie ein logischer Traktat nur zeigt, was hier geschehen kann. Die Architektur gibt die Rhythmen des Gebrauchs vor, sie bestimmt Schreiten, Steigen, ruhendes Schweifen, Tempi und Bewegungsverläufe, Pausen, Alternativen, Richtungswechsel. Alle syntaktischen Elemente des Bauwerks, die Stufen, der monumentale Portikus, die Ebenen und die Raumfluchten, die Wände und Öffnungen, wollen das Leben nicht mit übertragener Bedeutung anreichern, sondern in räumlicher und zeitlicher Hinsicht organisieren und rhythmisch inszenieren. Die Aura des Gebäudes entsteht erst durch die Distanz von architektonischer Hülle und anwesenden Menschen, das zeigen die historischen Fotografien von Festen überdeutlich, wenn man sie mit Abbildungen ohne Tänzer und Gäste vergleicht. Wichtig war hier, um mit Bruno Taut zu sprechen, nicht, wie das Haus aussieht, sondern ob es die Menschen darinnen schöner werden läßt. Das Hellerauer Festspielhaus hat seinem Schöpfer den Ruhm verschafft, der bedeutendste deutsche Raumkünstler seiner Zeit zu sein. Halb Europa pilgerte nach Hellerau, um die magische Wirkung der Opern- und Bühneninszenierungen zu erleben. Hier hat in tiefer Verehrung auch Le Corbusier gestanden und Hellerau als einen hoffnungsvollen Vorposten einer kommenden neuen Zivilisation der Arbeit

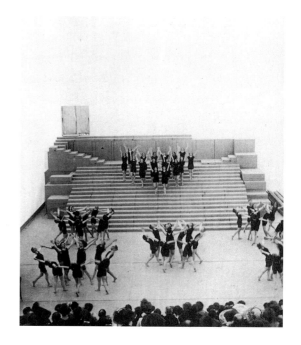

Vorführung rhythmischer Gymnastik, 1912

gefeiert. Friedrich Naumann, Zeuge der Eröffnungsfeier, hatte wiederum Theodor Heuss anvertraut, er habe an jenem festlichen Eröffnungsabend die Nähe des Sozialistenführers August Bebel gesucht, um beobachten zu können, »ob er begreift, wie sehr diese Spiele zu seinem Lebensideal gehören«.[14]

Angesichts der von vielen Besuchern und von den Tänzern beschriebenen Faszination vermag es daher kaum zu verwundern, daß Heinrich Tessenows Hellerauer Festspielhaus auf spätere Kulturbauten auch der frühen DDR vorbildlich wirkte. Diese allerdings griffen eher den äußeren Sprachgestus und das funktionale Raumsystem auf, ohne dessen metaphysische Wirkung als Gehäuse zu erreichen. Es war vor allem das symbolische und psychologische Potential des Neoklassizismus, den Menschen als Maß symmetrischer und anthropomorpher Ordnungen erneut zum Zentrum des Raumes werden zu lassen, das diese Gestaltungsstrategie in den fünfziger Jahren über die normensprengenden modernen Konzepte triumphieren ließ. Heinrich Tessenows Entwurfspraxis demonstrierte auf sinnfälligste Weise das Prinzip des Wiedergewinns der Mitte. Es wurde schließlich zum Gegenbild der individualisierenden, sozial-anarchischen Formenwelt des Expressionismus und Kubofuturismus.[15]

Ganz anders in Programm, baulichem Aufwand und architektonischem Gestus als der weihevolle Ort festlicher Spiele in Hellerau präsentierte Bruno Taut im Jahr 1924 sein Projekt für ein kleines Leichtbau-Volkshaus für die Gartenstadtgenossen in Berlin-Falkenberg. In dieser Stadtrandsiedlung hatte sich nach dem Ersten Weltkrieg eine Tradition fröhlich-burlesker, teilweise geradezu »dadaistischer« Sommerfeste entwickelt, die zunehmend ein Publikum auch aus anderen Teilen Berlins anzogen. Diesen selbstinszenierten Siedlerfesten wollte der Architekt für den Fall von Wetterunbilden Schutz und Schirm errichten helfen. Im Bauwerk selbst sollte sich der Gemeinschaftsgeist der Gartenstädter sinnfällig widerspiegeln. Daher hatte Taut für den auf 600 Sitzplätze bemessenen Saal und für das vorgelagerte Bühnengehäuse eine konstruktiv klare, einfache Binderkonstruktion entwickelt, die die Kosten niedrig halten sollte. Eine natürliche Geländemulde ausnutzend, hätten die Zuschauer vor dem als Bühne ausgebildeten Eingang Platz im Freien gefunden. Die Vorderseite eines Kiefernwäldchens war in akustische, die tiefstehende Abendsonne in beleuchtungstechnische Überlegungen einbezogen worden. Der mehrfach nutzbare Bühnenraum bot im Fall von Veranstaltungen und Inszenierungen dramaturgische Freiheiten »vollständigster künstlerischer Fassung jedes beliebigen Schauspieles«. Insbesondere durch bauliche Adaption der Shakespeare-Bühne bot sich der Bühnenraum für Wandelszenen an: »Dramatisch

Gymnastische Übungen auf der Vortreppe des Festspielhauses

14 Vgl. Marco de Michelis, Heinrich Tessenow 1876-1950. Das architektonische Gesamtwerk, Stuttgart 1991.
15 Vgl. den sozialhistorischen Deutungsversuch bei Dietrich W. Schmidt, Expressionismus und Klassizismus. Überlegungen zum katalytischen Wechselspiel von Freiheit und Bindung in der Entstehungsphase einer neuen Architektursprache, in: Avantgarde I. Russisch-sowjetische Architektur, Stuttgart 1991.
16 Bruno Taut, Wie sich Gemeinschaftsgeist in einem Bau verkörpern kann, in: Wohnungswirtschaft, 1.9.1924, S. 1f.
17 Robert Tautz, Über Volksfeste im allgemeinen und das Chammerfest der Falkenberger Pfahlbauern im besonderen, in: Wohnungswirtschaft, 1.9.1924, S. 107ff.

Festumzug der Falkenberger Siedler in Berlin-Bohnsdorf, 1923

Bruno Taut, Projekt für ein Volksfesthaus für die Gartenstadt Falkenberg in Berlin-Bohnsdorf, 1924

Rechts: Am 1. Mai 1932 erlebten 18.000 Anhänger der SPD und der freien Gewerkschaften in einer Festhalle in Frankfurt a.M. die Uraufführung des Lehrstückes *Wir!* des Sozialpsychologen Hendrik de Man.

kann hier das Volksschauspiel unter stärkster Mitwirkung der Zuschauermassen, unter Mitwirkung des Lichtes, der Musik usw. zur Verwirklichung kommen, eine sinnfällige deutliche Betonung des Genossenschaftsgeistes«,[16] erläuterte der Architekt sein Konzept. Über die Funktion der Volksfeste im allgemeinen hieß es in einer Festschrift der Falkenberger:

Nichts führt die Menschen näher und freudiger zusammen als gemeinsames festliches Erleben. Sage mir, wie du deine Feste feierst, und ich will dir sagen, wer du bist. Hat die Baugenossenschaft ihre erste Aufgabe, für die Mitglieder eine Behausung zu schaffen, gelöst, so ist damit erst ein Teil ihrer Aufgabe erfüllt. An Stelle des bisher einigenden Bauwillens muß ein neues geistiges Band treten, das die sich aus allen Bevölkerungsschichten zusammensetzende Wohngemeinde verbindet, aus der Wohngemeinschaft eine Lebensgemeinschaft herausbildet. [...] Und was von der Baugenossenschaft gilt, das gilt im übertragenen Sinne von der Konsumgenossenschaft, der Gewerkschaft, der im Werden begriffenen Baugilde, der politischen Partei und von jeder anderen Gemeinschaft.

Sind die Mitglieder aller dieser Vereinigungen nur durch wirtschaftliche Interessen verbunden, dann erlischt in ihnen bald jedes Leben, sie erstarren. Nur der Geist macht und hält lebendig. Nur große Inbrunst und völlige Hingabe macht innerlich stark und frei, überwindet alle Schwierigkeiten und festigt den Glauben an die vertretene Sache so stark, daß dieser Glaube in der Tat Berge versetzt, Welten in Trümmer legt und neue Welten erblühen läßt.

[...] Nicht im Sinne der Machthaber des alten Rom wollen wir unsere Feste feiern, nicht dem verzweifelten Volke »Spiele« geben, um es von seinem großen Befreiungskampfe abzulenken. Nein, in unserem Festspiel soll alles das, was uns innerlich auf das tiefste bewegt, zum erlösenden Ausdruck kommen, und ein heiliges, unwiderstehliches Lachen soll die finsteren Mächte bannen, die in und um uns verhängnisvoll walten. [...] Falkenberg, die Bühne für zehntausend, der Treptower Park, die Bühne für hunderttausend Volksgenossen. Auf beiden Bühnen das gleiche Fest, nur in verändertem Maßstabe.[17]

Anders als im weihevollen Hellerauer Festspielhaus enthält dieses Konzept eine Vorstellung, die sich auf die festliche Aneignung der Landschaft und auf den Traum von der Erde als einer guten Wohnstatt des Menschen bezieht. Das Volkshaus ist in dieser Konzeption kein »Kultbau«, sondern gänzlich Zweckbau, nichts als Dach und Schirm für eine ins Freie, zur Sonne strömende Menschenmenge. Diese Tradition mit dem Versuch, die Hochkultur in den Lebensalltag zu überführen, ist auf eine periodische Theatralisierung der Lebenspraxis ausgerichtet. Sie ist ausgesprochen aktivistisch und zielt auf die Entfaltung gemeinschaftsbildender Riten. Auch sie gehört zu den Voraussetzungen der später entwickelten Kulturhauspraxis in der DDR, vor allem in der Zeit der sechziger Jahre, als unter dem Kulturminister Hans Bentzien programmatisch unmittelbar auf die Selbsthilfe- und Selbstorganisationsprinzipien der zwanziger Jahre zurückgegriffen wurde.

»Kraft durch Freude«.
Die Deutsche Arbeitsfront als rückwärtiger Dienst einer militarisierten Gesellschaft

Die Machtergreifung der Nazis setzte der Volkshausarbeit ein jähes Ende. Während rechtskonservative Vereine wie die »Volkswohl«-Bewegung sich bereits frühzeitig zur Zusammenarbeit mit nationalsozialistischen Institutionen bekannt hatten, wurde die Struktur der freien und gewerkschaftlichen Volkshäuser gewalttätig und systematisch zerschlagen. Am 1. Mai 1933, einem schwarzen Tag für die deutsche Arbeiterbewegung, besetzte die SA im ganzen Land die Gewerkschafts- und Volkshäuser. Neben Überfällen, Plünderungen und Brandstiftungen kam es zu symbolischen Entweihungen, indem man in einigen Häusern, so in Pirna, zeitweilig Kasernen einrichtete, in denen auch gefoltert wurde. Nach Verwüstung der Bibliotheken und Sammlungen, wie z.B. des reichen Leipziger Kulturhauses, wurden die meisten Volkshäuser organisatorisch der Deutschen Arbeitsfront (DAF) unterstellt und von dieser entweder gewinnbringend verkauft oder als Bürogebäude genutzt.

Dennoch gelang es der NSDAP zunächst, mit einem 1934 ausgelobten Wettbewerb für »Häuser der Arbeit«, den Anschein zu erwecken, nahtlos an sozialistische Traditionen anzuknüpfen. Bis in die Wortwahl ähnelte der Ausschreibungstext den sehnsuchtsvollen Programmerklärungen der deutschen Linken von August Bebel bis Gustav Landauer: »Dieses ›Haus der Arbeit‹ soll und muß das Zentrum des geselligen und kulturellen Lebens werden. Es muß äußerlich architektonisch das Schönste sein, was die Stadt zu bieten hat. Und im Innern, vornehm und zweckmäßig, vor allem die Einrichtungen enthalten, die zur Freude und zur Ausspannung der Menschen dienen sollen. Spielzimmer, Clubzimmer, Sportsäle, Bäder, Theater, auch Schlaf- und Heimstätten für durchwandernde Volksgenossen und in der Mitte ein großes Forum, wo zehntausend und fünfzehntausend Menschen zusammengerufen werden können.«[18] Nahezu alle namhaften Architekten vergaßen bei diesem populären Thema ihre Vorbehalte gegenüber den Machthabern und reichten Entwürfe ein. Bruno Taut sandte sogar ein Projekt aus Japan ein, wohin er sich nach seiner Flucht aus Deutschland ins Exil zurückgezogen hatte. Dieses merkwürdig unkritische, wenn nicht gar opportunistische Verhalten ist außerordentlich erhellend: Einerseits belegt es, mit welch demagogischem Geschick die Nazis »Raub an ursozialistischen Gedanken« (Ernst Bloch) begingen, wie täuschend oder provozierend die Neuauflage der Volksgemeinschaftsidee selbst auf wache Geister wirken konnte, andererseits zeigt sich aber auch die große Attraktivität und der breite Widerhall, den die Bauaufgabe in den zwanziger Jahren gefunden hatte. Die NSDAP kam offenbar gar nicht umhin, sich mit diesem Wettbewerb zu legitimieren. Allerdings konnte sich das hauptsächlich von Hermann Ley, dem Führer der Deutschen Arbeitsfront, initiierte Vorhaben, in jedem deutschen Ort ein »Haus der Arbeit« zu errichten, das einem ausgesprochen breiten Publikum im übertragenen Sinn »Brot und Spiele« bieten sollte, in der Praxis nicht durchsetzen. Die Führung der NSDAP und Hitler persönlich favorisierten nämlich parteipolitische Gefolgschaftseinrichtungen, die der Einübung militärischer Verhaltensweisen dienen und gewissermaßen die Heimatfront mit rückwärtigen Dienstleistungen für das Heer bilden sollten. Die »Häuser der Arbeit« sollten nicht länger Zweckbauten einer Arbeiterselbstreform sein, sondern nunmehr Appellplätze der nationalsozialistischen Bewegung und Monumente einer mythischen Weihe des Arbeiterstandes.

In seiner Widersprüchlichkeit und der formalen Ambivalenz der Ergebnisse ist der Wettbewerb zudem Ausdruck einer noch unentschiedenen Machtposition der Plebejer unter den Nationalsozialisten gewesen. Im Jahre 1933 übten sie offensichtlich noch einen so nachhaltigen Einfluß auf die Kulturpolitik der NSDAP aus, daß einer der ersten Wettbewerbe des »Dritten Reichs« dem Lieblingsthema der Arbeiterbewegung gewidmet war.

18 Wettbewerbsausschreibung, in: Bauwelt 25 (1934), Nr. 4, 25.1., S. 77.
19 Vgl. Robert Ley, Kraft durch Freude, Berlin o.J. [1933]; ders., Durchbruch zur sozialen Ehre. Reden und Gedanken für das schaffende Deutschland, Berlin 1935.
20 Herbert Steinwarz, Wesen, Aufgaben und Ziele des Amtes »Schönheit der Arbeit«, Berlin 1937.

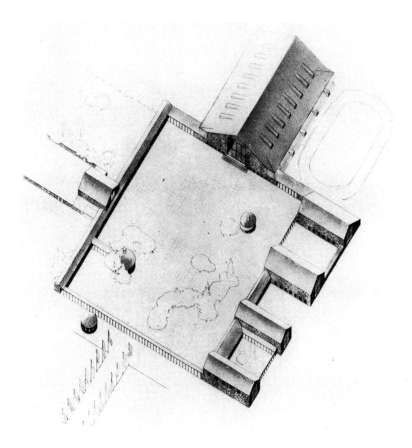

W. Kratz, 1. Preis im Wettbewerb »Häuser der Arbeit«, 1934

Unter den 690 (!) Beiträgen findet man das ganze Spektrum zeitgenössischen Entwurfsdenkens ausgebreitet. Neben konstruktiv brillant gedachten, multifunktionalen großen Saal- und Hallenkomplexen, die ihre Verwandtschaft zum russischen Konstruktivismus nicht verleugnen, finden sich eine ganze Reihe zeichenhaft-skulpturaler Projekte. In dieser Gruppe nehmen Gebäude die Gestalt von kristallin überwölbten Thingstätten inmitten einer Seenlandschaft an oder bilden als Flügelanlage ein dreidimensionales Hakenkreuz. Die Vergabe des ersten Preises an ein formal ebenso bestechend ausgearbeitetes wie bescheidenes Konzept weist auf die später verstärkt zum Vorschein kommende Neigung hin, die Monstrositäten des Systems hinter biederen Fassaden zu verbergen. Betrachtet man die hier vorgeschlagene Anlage von rechteckigem Appellplatz, Hauptgebäude und dazu im Winkel gestaffelten identischen Nebengebäuden in einfacher Zimmermanns- und Mauerwerksbauweise näher, so scheint hinter der typologischen Sequenz Gutshof – Werkhof – Arbeitslager bereits eine Ästhetik auf, die wenige Jahre später Arbeitsfähigkeit zum selektiven Wertmaßstab erheben sollte. Allerdings blieb der Wettbewerb von 1934 für den eigentlich vorgespiegelten Bau von »Häusern der Arbeit« folgenlos, keines der Projekte wurde realisiert. Die Gefolgschaftsbauten der Folgejahre, vor allem Jugendheime und Parteihäuser, wurden zumeist gemäß den Konventionen des Heimatschutzstils oder in einer »dorisch« verstärkten Sachlichkeit ausgeführt.

Viel bedeutsamer als die Gestalt dieser eindeutig parteibezogenen Gemeinschaftseinrichtungen und von nachhaltigem Einfluß war die soziale Praxis, die sich im Zusammenhang mit dem Amt »Schönheit der Arbeit« und den vielfältigen »Kraft durch Freude«-Programmen entwickelte.[19] Ihren baulichen Rahmen fand sie in den mehr als 1.000 auf betrieblicher Basis eingerichteten »Kameradschaftshäusern«. Diese standen zunächst unter dem Anspruch, den »sauberen Menschen im sauberen Betrieb« eine hygienische und soziale Grundversorgung zu gewährleisten: Wasch- und Aufenthaltsräume, Kantinen, Speisesäle und betriebsärztliche Untersuchungsräume. Diese primären Funktionsräume wurden von eigens angestellten Künstlern dekoriert und innenarchitektonisch aufgewertet und durch einen DAF-Vereinsring kulturell bespielt.[20] Es gab Betriebssportfeste, eine Ferienreisevermittlung und eine Vielzahl von Freizeitangeboten. Schon vor Kriegsbeginn waren

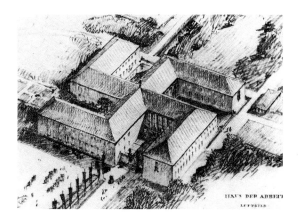

Alfred Abel, Entwurf für ein »Haus der Arbeit«, 1934

aus den Aktivisten des Nationalsozialismus uniformierte Werkscharen als Angelpunkte der Betriebsgemeinschaft gebildet worden, die Sicherheits- und Luftschutzaufgaben übernahmen und ihre Mitglieder zugleich auch vor dem Fronteinsatz bewahrten. Die Betriebe wiederum standen untereinander in einem zentral kontrollierten und angeleiteten Wettbewerb um Auszeichnungen wie den Titel »Nationalsozialistischer Musterbetrieb«.[21]

Die exemplarische Sozialfürsorge wertete insbesondere die Dauerbelegschaften und Vorarbeiter der Betriebe in ihrem Selbstgefühl auf und verlieh dem banalen Arbeitsalltag eine bis dahin nicht gekannte Würde.[22]

Niemandem, weder der sowjetischen Militäradministration noch den deutschen Verwaltungen, wäre nach 1945 eingefallen, die durch den Nationalsozialismus geschaffenen Fürsorgeeinrichtungen und massenkulturellen Institutionen zu verwerfen. Nachdem sie in den dreißiger Jahren vielerorts zum Standard geworden waren, ging es vielmehr darum, das Netz schnell zu erweitern. Gerade in den ehemaligen Rüstungs- und Musterbetrieben sahen sich die sowjetischen Aktiengesellschaften nach dem Krieg sehr schnell veranlaßt, mit einer neu definierten Kulturarbeit und sozialer Versorgung auf die in den dreißiger Jahren geprägten Gewohnheiten und hohen Ansprüche der Belegschaft überbietend zu reagieren.

Auferstehung, Brüderlichkeit!
Kultur beim Aufbau einer antifaschistischen Ordnung im Osten Deutschlands

»Meine lieben Freunde!«, beginnt ein Brief der Abteilung »Neues Leben«, Kemmelweg 36, NO 55 in Berlin, »Ich lade Sie und Ihre Angehörigen zu der Sylvesterfeier am 31. 12. 45, 21.00 Uhr bis .... in unser Spielhaus Kemmelweg 36, NO 55, herzlichst ein. Wir wollen gemeinsam das Friedens-Jahresende in würdiger Form und froher Weise abschließen. Die Segel für das Neue Jahr

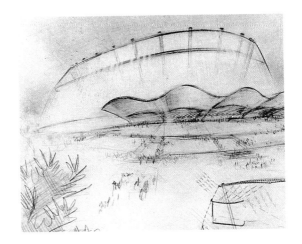

Hans Scharoun, Bauten der Passion, Architekturphantasie, in der »inneren Emigration« zwischen 1942 und 1945 entstanden

nicht hängen lassen. Marionettenspiel »Ein chinesisches Friedenslied«, Rezitationen und Musik füllen ein kurzes Programm aus. – Tanzmusik – Auswahl der Kleidung ist freigestellt, Abendtoilette nicht erwünscht. Die Vino-Veritas-Zuteilung ist mitzubringen und nach eigenem Bedarf auszukippen. Für die Berliner Pfannkuchen sind pro Person 100 gr Mehl und 20 gr Fett bis zum 30.12.45 im Sekretariat abzugeben. Herzlichst gez. Curt Belz. Leiter des Ausschusses für Laienspiel und künstlerischen Tanz.«[23]

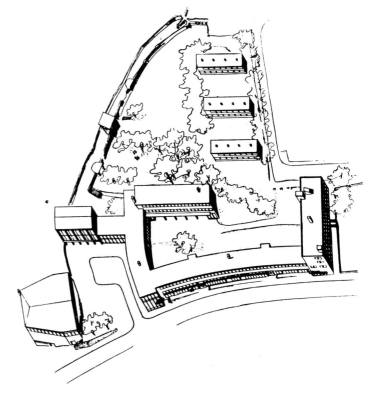

Hermann Räder, Hartmut Colden, Wettbewerbsentwurf für ein Volkshaus in Nordhausen, Lageplan, 1948

Hermann Henselmann, Kulturzentrum der Buna Werke Leuna, Modellfoto, 1950

Diesen Einladungszettel aus dem Jahr 1945 hat ein Berliner Maurer sorgsam aufbewahrt. Auch eine in diesem Nachkriegswinter selbstgefertigte Handpuppe war ihm vierzig Jahre lang heilig. Zusammen mit einer Handvoll Fotografien erzählen sie von kleinen Festen und Inszenierungen in der Ruine des Waschhauses der Carl-Legien-Siedlung in Berlin-Prenzlauer Berg.

Offenbar begann die Kulturarbeit in der sowjetisch besetzten Zone ebenso pragmatisch-spontan wie rauschhaft. Der spätere Kulturpolitiker Hans Bentzien erinnert sich in seinen Memoiren an eine 1946 mit Unterstützung der besten Stimmen des FDJ-Chores zuwege gebrachte Aufführung der Matthäus-Passion im Dom zu Greifswald: »Nach intensiven Proben mit unserem Kantor war es dann Karfreitag soweit. Mit dem Schrei ›Barrabam‹ befreiten wir uns von all dem Dreck und Elend unserer Zeit, wir waren glücklich: wie der Klang das Kirchenschiff füllte und die Besucher im überfüllten Raum Tränen in den Augen hatten, als zum Ende die Totenklage ›Wir setzten uns in Tränen nieder‹ in feinstem Pianissimo verklang. Niemand ging, erst als Pflugbeil nach langer Zeit mit einer auffordernden Geste uns aus dem Altarraum schickte, löste sich die Erstarrung [...].«[24]

Von Anfang an trat auch die bei der älteren Generation noch vorhandene kollektive Erfahrung und kulturelle Praxis der sozialdemokratischen Volkshaus- und Bildungsbewegung hinzu, die auf ein lebhaftes, ja begieriges Interesse traf. Ruinen, Waschhäuser und Baracken, viele nicht zu Wohnzwecken zu gebrauchende Baulichkeiten wurden wie in Berlin in der Carl-Legien-Siedlung oder in der Gartenstadt Falkenberg mit dem Volkshaus Bohnsdorf unmittelbar nach dem Krieg zu »Spielhäusern« und Begegnungsstätten umgestaltet. In Erinnerung an die kulturellen Traditionen der Weimarer Republik und die Lebensreformbewegung nach 1900 knüpften sich in kürzester Zeit Selbsthilfenetze. Vor allem im Bestreben, nach den traumatischen Kriegsjahren und Bombennächten etwas für die Kinder und die entwurzelten Jugendlichen zu tun, fanden sich allerorts alte Wandervögel und Spielleiter mit Lauten, Liederheften und Requisiten bereit, die Ausschüsse für Volksbildung zu unterstützen. Der Hunger nach geistigen Werten, entbehrte Möglichkeiten individueller Selbsterfahrung und ein lange unterdrückter Spieltrieb suchten nach Nahrung und Raum. Im übrigen bot das eher unverfängliche Gebiet der Kultur vielen, sich mißbraucht und betrogen fühlenden ehemaligen »Volksgenossen« wohl auch die Chance, etwas aus der Konkursmasse ihrer früheren Ideale von Heimatschutz, »Kraft durch Freude«, »Volksbildungswerk« und Jugendbünden in die neue Zeit hinüberzuretten.

21 Vgl. Schönheit der Arbeit. Mit einem Geleit von Albert Speer, Berlin 1938.
22 Vgl. Chup Friemert, Produktionsästhetik im Faschismus. Das »Amt Schönheit der Arbeit« von 1933 bis 1939, Hamburg 1980.
23 Einladungsschreiben, Kopie im Besitz des Heimatmuseums Prenzlauer Berg.
24 Hans Bentzien, Meine Sekretäre und ich, Berlin 1995, S. 61.

Neben der Sicherung der dringendsten Lebensbedürfnisse, Behausung und Brot, stellte sich 1945 die Notwendigkeit des Aufbaus eines demokratischen Gemeinwesens in den Kommunen und Betrieben sehr früh als eine im Grunde kulturelle Aufgabe dar. Der Erfolg einer von Antifaschisten und von den Besatzungsmächten angestrebten politischen Neuordnung hing einfach davon ab, ob es gelänge, die tiefe Sinnkrise der deutschen Nachkriegsgesellschaft zu überwinden. Jeder zweite Gedanke der Intellektuellen, der vielen engagierten Geistlichen und der Politiker galt der kulturellen Erneuerung des Landes. Es bedeutete unendliche Geduld und guten Willen, jungen Leuten, die im heroisch-nationalen Verständnis Soldaten gewesen waren, den Sinn von Kultur zu erklären: Der Dresdner Romanist Victor Klemperer zum Beispiel hielt wieder und wieder Vorträge vor Studenten.[25] Auch bewegte tiefes Mitleid manches Gelöbnis, nie wieder Unmenschlichkeit zuzulassen, wie bei Johannes R. Becher, den bei Besuchen in Lazaretten der Anblick der sterbenden deutschen Soldaten aufgewühlt hatte: »[...] diese weißen Betthügel [...]. Wer all dies gesehen hat und Zeuge geworden ist, der kann den Blick nicht mehr davon abwenden [...]«. Er, der spätere Kulturminister der DDR, schrieb in jenen Tagen in sein Tagebuch:

> Man muß den Menschen einen Halt geben und Gedanken, mit denen sich weiterleben läßt. Man muß dem Menschen wieder eine Gestalt geben [...]. Schon ist Gott das »Nichts« geworden – und das bedeutet die Nichts-Unendlichkeit. [...] So kann kein Gott mehr den Menschen aus seiner Verdinglichung erlösen. Denn Gott ist selbst in seiner Entpersönlichung zum Ding an sich geworden, zum Urding [...]. Der Mensch muß, in seiner Verdinglichung, wieder sich selber als Menschen entdecken, um wieder Mensch zu werden. Diese Entdeckung des Menschen beginnt mit Freidenken [...]. Daß der Mensch sich zu einem allseitigen Menschen entwickle, dazu bedarf es einiger Voraussetzungen. Dazu bedarf es einer Veränderung der gesellschaftlichen Struktur vor allem.[26]

Den neuen Menschen formen.
Auf der Suche nach der Struktur

Vom ersten Moment an verbanden sich diese sozialpädagogischen und kulturreformerischen Bestrebungen mit theoretisch ausgereiften Konzepten einer umfassenden Neugestaltung des gesamten Siedlungs- und Wirtschaftssystems in Deutschland. Es schien endlich die Zeit gekommen zu sein und der Handlungsfreiraum zur Verfügung zu stehen, die Entfremdung der Individuen von Gesellschaft, Arbeit und Natur aufzuheben. Befreit vom demagogischen Mißbrauch der zurückliegenden Jahre erlebten Gartenstadt-, Heimatschutz- und Werkbundgedanken sowie Laienspiel- und Volksbühnenbewegung eine neue Renaissance. So erreichte die von den Antifa-Ausschüssen, dem Kulturbund, dem Bund Deutscher Volksbühnen und Volkshochschulen mitgetragene Volkskulturbewegung bis 1948 eine von den Initiatoren nicht erwartete Breite. Sie entfaltete sich in der Auseinandersetzung um einen besonderen deutschen Weg zum Sozialismus bald mit um so größerer Dynamik, je mehr sich in der Politik frühe Verengungen und zentralistische Dominanz herauskristallisierten. Überall wurde die Errichtung neuartiger Volkshäuser diskutiert, die als »pädagogische Provinz«, als Symbole eines auf einem freien Zusammenschluß von Individuen gegründeten Gemeinwesens die Sphären des Arbeitens und des Wohnens verbinden sollten.

Es waren profilierte und ambitionierte Intellektuelle und Politiker, die sich dieser Aufgabe stellten. In einem für Otto Grotewohl gefertigten Exposé erläuterte der Architekt und Stadtplaner Hans Scharoun die Aufgabe dieser »Volkshäuser« im Zuge einer Resozialisierung und einer angestrebten, nachhaltigen kulturellen Eigenentwicklung:

> Die organhafte Dezentralisation der Großstädte bezweckt nicht nur die gruppenhafte Auflösung, die Aufgliederung der Masse Mensch oder mosaikartige Aufteilung der Bebauungsfläche, sondern sie soll

25 Victor Klemperer, Kultur. Ansichten nach dem Zusammenbruch des Nazismus. Dresden 1946.
26 Johannes R. Becher, Der Aufstand im Menschen, Berlin 1986, S. 21.
27 Hans Scharoun, Volkshäuser. Manuskript aus dem Nachlaß mit der Bemerkung »1 Exemplar an Grotewohl«, Akademie der Künste, Berlin.
28 Gustav-Adolf Werner, Das Stadtdorf, 1949, Stadtplanungsamt, Landesarchiv Berlin.

die günstige Voraussetzung für die Mitarbeit – auf seelischem und geistigem Aspekt – des einzelnen Menschen am Ganzen auf der Grundlage des Zusammenwirkens schaffen. [...] Indem das Volkshaus nicht als Einzelobjekt, sondern die Volkshäuser im Zusammenhang mit dem Menschen und im Zusammenhang mit der Stadt ihre Beziehungen zur Stadt – der Stadt als Träger des wirtschaftlichen und kulturellen Zusammenlebens – gesehen werden, lassen sich die Fragen beantworten, was Volkshäuser nicht sein sollten und was sie sein könnten. So scheint mir nicht zu genügen, daß Volkshäuser in der Art der betrieblichen Organisation dem Abrollen von Kulturprogrammen dienen, indem eine Serie denkbarer und zufällig erreichbarer Aufgabengebiete und irgendwelche Aufgabenträger mit dem Haus und dessen Aufgaben verknüpft werden oder indem durch sie gestenhaft zum Ausdruck gebracht wird, daß kein Mitglied der Gesellschaft von der Bekanntschaft mit den kulturellen Kräften ausgeschaltet sein soll. [...]

Wir sehen dann schon hier, daß die zentrale Beeinflussung keineswegs wichtiger werden darf als die Verbundenheit mit dem lokalen Raum. Nur wenn Sinn und Bedeutung der Volkshäuser aus ihrer jeweiligen unmittelbaren Umwelt [...] wachsen, können sie sich von den aus anderen Gegebenheiten entwickelten kulturellen Einrichtungen abheben, sich mit ihnen konfrontieren und sich ihrer Eigenständigkeit und Eigenwertigkeit im Spiegel der anderen kulturellen Einheiten bewußt werden. [...] Der ursprünglichen und organhaften – nicht organisierenden – wirksamen Kraft entspricht als Ziel für die Entwicklung des Menschen nicht die Bildungsnorm, sondern die Forderung, jeden Menschen auf Grund seiner ihm eigentümlichen Anlage, seines geistigen Vermögens höher zu entwickeln. Dabei ist der Spieltrieb des Menschen anzusprechen, freundschaftliche Bindung als Voraussetzung gemeinsamen Wirkens zu fördern und fördernde Betreuung von außen her einzusetzen. Es sollte von jedem verlangt werden, daß er ebenso Gebender ist, wie er Empfangender sein will. Selbsttätigkeit ist zu entfalten – auf den Gebieten der geistigen Erkenntnis und auf denen handwerklicher und künstlerischer Betätigung. Dieser Aufgabe entsprechend ist das Instrument zu gestalten, sodaß der Einzelne für sich forschen und entwickeln kann, sich aus Freundschaft und aus anderen gemeinschaftlichen Bindungen Arbeitskreise bilden und größere Gruppen zusammenfinden können. Ferner soll der kulturelle Stützpunkt jeweils dem heimatlichen Boden, dem engeren Raum – als Nährboden – verbunden bleiben. Die organhafte Dezentralisation will ja auch der Wiederentwicklung des Heimatgefühls dienen. [...]

Unter Heimatgefühl soll nichts Romantisierendes, Gefühlsbelastetes – in dem Sinne, wie uns das Formale des alten Stadtbildes anspricht – verstanden werden. Es handelt sich um reale, der Besonderheit der Landschaft und der besonderen Tätigkeit in dieser Landschaft entspringende Kräfte.[27]

Daß Scharoun nicht ein isolierter Vertreter sozialreformerischer Konzepte war, wie sie mit dem »Neuen Bauen« seit 1918 entwickelt worden waren, belegt ein zeitgleich entstandenes Manifest, das in den Akten des Berliner Stadtplanungsamtes unter der Rubrik »Grundsatzfragen« überliefert ist. Hier schrieb anläßlich der Gründung der DDR Gustav-Adolf Werner, der sozialdemokratische Stadtbezirksbürgermeister von Friedrichshain, in einem Ergänzungsvorschlag zum raumordnerischen Generalbebauungsplan für deren Hauptstadt: »Das ohne besonders hinausragende Bauten in Grün gebettete ›Stadtdorf‹ soll als äußeres Kennzeichen des Friedens den Turm der Kirche zeigen. Die Kuppel des Volks- und Festhauses wird das Ganze als Symbol der Einheit und des ›Wir‹-Wollens überwölben. [...] Eine solche ideale Aufgabe, wie sie sich mit dem neuen Siedlungswerk bietet, ist wohl seit Jahrhunderten nicht mehr vorhanden gewesen. [...] Geschlossene Erziehung der kommenden Generation in stadtdörflicher Gemeinschaft und im Rahmen der Neuplanung der Städte wird den neuen Menschen formen. Er soll vorurteilsfrei, sozialistisch und demokratisch auf freiem deutschen Boden wohnen. Er soll berufsausgerichtet auf Handwerk, Kunst und Garten und Land in Achtung vor allen Religionen und religiösen Bestrebungen erzogen sein. Er soll Kenntnisse deutscher und fremder Kulturen, insbesondere derjenigen unserer Nachbarvölker, übermittelt erhalten [...].«[28]

Heute mutet diese Nachkriegsmentalität, die sich von zivilisationskritischen und weitgreifenden sozialpädagogischen Grundsätzen leiten ließ, merkwürdig emphatisch an. Gegenüber dem mechanischen Rationalismus der tödlich hypertrophierten NS-Moderne[29] brach sich abermals in der deutschen Geschichte ein ethischer Vitalismus Bahn, der bereits nach 1900 in der Spätphase des Kaiserreiches an dessen Grundfesten zu rütteln begonnen und die Grundlage zum Spätexpressionismus nach 1918 gebildet hatte. Nach den tiefen Erschütterungen des Kriegs erschien er 1945 in zeitgemäßer Form als Existentialismus. Es lebten ja noch viele aus der Generation der Expressionisten, wenn auch dreißig Jahre älter geworden: Wilhelm Worringer, Professor in Halle, Ernst Bloch in Leipzig, Johannes R. Becher, künftiger Kulturminister, Hans Scharoun, Arnold Zweig, Karl Völker ...

Dennoch ist es erstaunlich, wie stark sich das umfassende gesellschaftsreformerische Wollen in der legendären »Stunde Null« auf die fast dreißig Jahre zurückliegenden, religiös-sozialistischen Programme und pazifistischen Losungen der deutschen Novemberrevolution stützte. Auch außerhalb der intellektuellen Elite war plötzlich alles wieder lebendig, so als sei nichts geschehen: Die leidenschaftlichen Bekenntnisse zu den Zielen der Agrarsozialisten, der Ruf nach konsequenter Änderung des Bodenrechts, nach Aufteilung der Güter und sozialer Neugestaltung der gesamten Wirtschafts- und Siedlungsstruktur reichten zwischen 1945 und 1947 bis in Teile der CDU hinein. Da brach sich offensichtlich für kurze Zeit uneingelöstes, sorgsam aufbewahrtes ursozialistisches Ideengut Bahn, das die Nazis demagogisch mißbraucht hatten.

Bislang ist nur wenig von den gesellschaftsreformerischen Träumen dieser Nachkriegszeit, vom »Neuen Leben« auf »Freier Scholle« in einem radikal dezentralisierten Deutschland als Mitglied der »Vereinigten Staaten von Europa« bekannt. In beiden Teilen Deutschlands wurde aus jeweils entgegengesetzten machtpolitischen Erwägungen diese offene und kontroverse Debatte im Kalten Krieg schon bald verdrängt. Sehr lange noch hatten die jeweiligen Staatsorgane aber mit seltsam aufsässigen Gewerkschaftern, Lehrern, Buchhändlern, Theaterleitern und Eigenbrötlern aller Couleur zu tun. Weder Kurt Schumachers noch Walter Ulbrichts Partei hatten fortan Platz für diese unbequemen, freien Geister. Davon, wie ihnen hüben und drüben Unrecht geschah, legen die heute zugänglichen Archive beredtes Zeugnis ab. Jede Akte in Ost wie West – eine verpaßte, eine ausgeschlagene Chance für den nicht beschrittenen dritten Weg.

Zentralisierung, Kontrolle, Normierung und kleine Fluchten

Ende 1948 brach in Europa der Kalte Krieg offen aus, und es sollte sich allmählich zeigen, welche Konsequenzen sich daraus für die Konzeption der Volks- und Festhäuser ergaben. Im Zuge der folgenden stalinistischen Ausrichtung der SED setzte sich ein ausgeprägtes Sicherheits- und Machtdenken durch, das alle Sphären des gesellschaftlichen Lebens unter parteipolitische Interessen zwang. Die pluralistische und zonenweit durchorganisierte Volkskunstbewegung erschien aus dieser verzerrten Sicht schon bald als ein Tarnverein politischer Gegner.

Wohl waren die komplex sozialreformerischen Konzeptionen vielerorts auf sehr fruchtbaren Boden gefallen, doch kam es bei Beibehaltung der wohltönenden Verlautbarungen zu einer schleichenden Aushöhlung der auf Selbstbestimmung zielenden Programmatik. Diese Unterwanderung mit gegenläufigen kulturpolitischen Strategien vollzog sich in erster Linie auf dem organisatorischen und legislativen Weg, aber auch durch schrittweise Adaption sowjetischer Klubkonzeptionen. So wurden gegen Widerstände nach und nach alle existierenden Volkskunstgruppen per Gesetz zunächst einer »Zentralstelle«, später dem »Zentralhaus für Laienkunst« in Leipzig unter-

---

29 Vgl. Chup Friemert, Zum Funktionalen des Ästhetischen. Befreiung oder Anästhesie? in: Hartmut Frank (Hg.), Faschistische Architekturen. Planen und Bauen in Europa 1930 bis 1945, Hamburg 1985.
30 Die Angaben verdanke ich dem Aufsatz von Horst Groschopp, Der singende Arbeiter im Klub der Werktätigen, in: Ostdeutsche Kulturgeschichte. Mitteilungen der kulturwissenschaftlichen Forschung, Nr. 33, S. 86-131.
31 Brigitte Reimann in ihren Briefen und Tagebüchern, Berlin 1983, S. 83.

stellt, das ab 1954 unter der Bezeichnung »Zentralhaus für Volkskunst« firmierte. Dieser Institutionalisierungsprozeß kulminierte 1961 mit der Neudefinition dieser Einrichtung als »Zentralhaus für Kulturarbeit der DDR Leipzig«.[30] Allerdings begann sich zu diesem Zeitpunkt, und die Namensänderung weist darauf hin, bereits ein ausgesprochen weit gefaßter, im Grunde alle Gebiete der menschlichen Produktion und Reproduktion umfassender Kulturbegriff durchzusetzen. Die sechziger Jahre mit ihrem zeitweiligen Motto »zurück zu den Volkshäusern« sind bereits ein eigenes Kapitel in der Entwicklung zur zunehmenden Selbstbestimmtheit und kommunalen Einbettung der Kulturarbeit.

Im Jahr 1954 war zunächst die gesetzliche Registrierpflicht für Volkskunstzirkel verfügt worden. Das Gesetz wies der Volkskunstbewegung auch ihren exklusiven Ort im Kulturhaus als öffentliche Einrichtung vor allem der Betriebe, aber auch der Kommunen und Organisationen zu. Da dies eine organisierte kulturelle Betätigung in Gaststätten, Wohnungen, Kirchen und innerhalb eingetragener Vereine ausschloß, stieg der Bedarf an speziellen Bauten. So wurde das Kulturhaus vom individuellen Sonderbau zu einem seriellen Typenprodukt mit örtlichen Anpassungsvarianten, mit dessen Planung sich zunächst bei der Bauakademie ein eigenes Forschungsinstitut zu beschäftigen begann.

Obwohl in erster Linie Kontrollbedürfnisse zur Verstaatlichung der Volkskunstbewegung geführt hatten, bedeutete dies andererseits aber auch eine durch Institutionalisierung, kulturpolitische Förderung und fortschreitende Professionalisierung bedingte Niveauanhebung. Ein neues Berufsbild bildete sich: der diplomierte Kulturhausleiter, ein bißchen Pfarrer, ein bißchen kunstpädagogischer Tausendsassa. Er erhielt an der ehemaligen zentralen Volkshochschule Sachsens in Meißen seinen Ritterschlag. Nicht wenige dieser Kulturhausleiter sind zu einiger Prominenz gelangt, so Herbert Risse im Stahl- und Walzwerk Riesa, Rolf Melzer in der Rostocker Neptunwerft und Karl Langer in Seelow. Außer diesen Lokalmatadoren warben verstärkt nach der Bitterfelder Konferenz einzelne Künstler mit ihrem Namen für ihre Patenkinder an der künstlerisch-ästhetischen Peripherie des »Leselandes« DDR. Jenseits der Programme und Reglementierungen ereignete sich hier das wahre Leben, indem die Kulturhäuser eine wichtige kondensierende und kompensatorische Rolle spielten.

Bei Recherchen für dieses Buch stellte sich heraus, daß die Adresse des Kulturhauses Hoyerswerda auch in aktuellen Dateien noch mit »c/o Brigitte Reimann« angegeben ist. Sie hatte zu jenen Schriftstellern gehört, die sich nach 1959 vertraglich an Brigaden gebunden hatten, um nicht im Elfenbeinturm geförderter Künstlerschaft zu enden. Offensichtlich mußte aber auch sie ihren Anspruch auf künstlerische Selbstverwirklichung gegen allzu starke Vereinnahmung durch kulturpolitische Aufgaben verteidigen: »Wir haben doch auch ein Recht auf gelegentlich selbstgewählte Einsamkeit – wohlgemerkt, solange ein Buch geschrieben wird. Gleichzeitig fühle ich mich schuldig, wenn ich hier im Kombinat etwas vernachlässige; wo hört die Verpflichtung auf, sich mit aller Kraft der Förderung anderer zu widmen?«[31]

Die Kulturhäuser in der Provinz waren Fluchtpunkte und Zufluchtsorte für abgestürzte Abiturienten, für amtsenthobene und verbannte Top-Funktionäre, die man wie Friedrich Schlotterbeck als West-Spione enttarnt zu haben meinte, für unverbesserliche SAP-Träumer und für verhinderte Genies. Gerade den Künstlern aber boten sie nicht allein Gelegenheit zu »Muggen« in Form von Auftragskunst, sondern auch die erkenntnisreiche Begegnung mit dem wahren Leben. Dies ist aber eine andere Geschichte, die mit sozialem Lernen und mit der »Ankunft im Alltag« zu tun hat.

> Heute beschreite ich,
> Deutschland,
> Deinen Boden,
> Meine Liebe zu dir
> Blüht und lodert in Oden.
>
> *Wladimir Majakowski*

Arbeiterklub und Kulturpalast.
Der Beitrag der sowjetischen Bauherren

In der unmittelbaren Nachkriegszeit waren auf lokaler Ebene einige spezialisierte Volkshäuser im Scharounschen Sinne eingerichtet, so im Schloß Köpenick und in Potsdam als Haus der Jungen Pioniere, oder neu gebaut worden, so das Kulturhaus für die Beschäftigten der Lederfabrik im thüringischen Hirschberg. Das waren eher bescheidene Anfänge, die sich architektonisch durch spannungsvoll gruppierte und frei zueinander geordnete Gebäudeteile als modern auswiesen. Bekannt geworden sind aus dieser Zeit vor allem Studien Hermann Henselmanns für Arbeiterklubs und einen Kulturpark in Buna sowie die Wettbewerbe im Jahr 1948 für das »Volkshaus Nordhausen« und für das Kulturzentrum Gispersleben. Schon in der Bezeichnung der Entwurfsaufgaben wird deutlich, daß sich zum »Volkshaus« offenbar seit Kriegsende bereits eine neue Bauaufgabe, die des Arbeiterklubs, hinzugesellt hatte. Mit ihnen trat nunmehr ein neuer Bauherr von großem Gewicht auf den Plan.

Die ersten Kulturhäuser der sowjetisch besetzten Zone wurden nämlich auf Betreiben der Sowjetischen Aktien-Gesellschaften (SAG) in den Schwerpunktbetrieben der Industrie in vorhandenen Industriellenklubs und Fabrikantenvillen eingerichtet oder auch neu errichtet. Dies entsprach der Praxis in der Sowjetunion, wo man nach der Revolution vor allem auf die beschlagnahmten Häuser der Betriebsbesitzer und Adligen zurückgegriffen hatte. Ganz unterschwellig gab der besondere Charakter dieser Gebäude dem Kulturleben nicht nur in der Sowjetunion, sondern auch in den frühen Jahren der DDR eine ganz eigene Prägung. Die Salons und prachtvollen Bibliotheken, die parkettierten Säle und vornehmen Möbel, die Spiegelgalerien und Kristallüster waren für jede ausschweifende und improvisierte Geselligkeit ebenso ungeeignet wie für ungezwungene Formen der Kommunikation. So war der anfangs durchaus produktive Akt der Besetzung vornehmer Häuser auf fatale Art auch geschmacksbildend. Fixiert auf bürgerliche Repräsentationsformen und aristokratische Symbole des Reichtums, lehnten die russischen Arbeiter die gestalterischen Versuche zur Definition einer eigenen proletarischen Ästhetik häufig ab. Bereits in der Sowjetunion waren die modernen Architekten mit Vorschlägen für konstruktivistische Arbeiterklubs und futuristische Tempel der Arbeit an der Wende zu den dreißiger Jahren gescheitert.

Sowohl über die russischen Kulturoffiziere und Generaldirektoren der Betriebe vermittelt als auch über kommunistische Funktionäre, die aus der russischen Emigration zurückgekehrt waren, bestimmten das sowjetische Klubmodell und die Idee vom Kultur-Palast um 1950 auch in der DDR die kulturpolitischen Richtlinien; die Volkshaustraditionen gerieten ins Hintertreffen. Bei allen damit verbundenen Auseinandersetzungen wurde dieser Ablösungsprozeß vielerorts auch dadurch erleichtert, daß man tatsächlich davon überzeugt war, beim Aufbau des Sozialismus in Deutschland nun die alten Volkshäuser der Weimarer Republik durch verheißungsvollere Neubauten überbieten zu müssen und dazu wirtschaftlich auch in der Lage zu sein.

Den Anfang hatte 1948 die SAG Sachsenwerk Radebeul gemacht, andere wie die SAG Wismut in Chemnitz-Siegmar, die SAG Schiffswerft Rostock, die SAG Topliwo (Böhlen) folgten. In der Eile und möglicherweise auf ästhetische Vorbildwirkung bedacht, wurden die Kulturhäuser in Chemnitz und in Heringsdorf, damals ein Sanatorium für kriegsversehrte sowjetische Offiziere, nach sowjetischen Planunterlagen realisiert. Damit war allerdings ein ästhetisches Leitbild gesetzt, dessen historische und kitschige Elemente die deut-

Victor Petrow,
Besucht den Zentro-
Klub, rote Kadetten!
Plakatentwurf, 1920

schen Architekten und wohl auch einen Teil der in den neusachlichen zwanziger Jahren sozialisierten Arbeiterschaft brüskierten. Ein Dilemma tat sich hier auf. Da war ein Bauherr, der über Millionen an Investitionsmitteln verfügte und sich anschickte, eine beiderseits feierlich proklamierte Bauaufgabe in großem Umfang zu realisieren, ohne daß man der von ihm favorisierten Ästhetik hätte zustimmen wollen. In diesem Konflikt war es abermals Hans Scharoun, der ein vermittelndes gestalterisches Vergleichsangebot unterbreitete. Für den Bau der russischen Botschaft Unter den Linden in Berlin schlug er als zu beauftragenden Architekten Heinrich Tessenow vor, weil dieser eine ausgewogene Gestaltauffassung vertrete, die »leicht beide Seiten zu befriedigen vermöge«. Der sich Tessenow annähernde Mittelweg sollte sich, ob bewußt oder nicht, in den Folgejahren als gangbar erweisen. In mancher Hinsicht stand Tessenows Hellerauer Festspielhaus, das nach 1945 ein »Haus der Offiziere« der Roten Armee geworden war, für die Kulturhäuser der fünfziger Jahre Pate. Es war in seiner Gestalt von ebenso verhaltener Modernität wie zeitloser Klassizität, so daß es als Mischung von allegorischem Musentempel, flexiblem Funktionsgehäuse und dominanter städtebaulicher Großplastik weiterwirken konnte.

Neben den typologischen und ästhetischen Einflüssen kam mit den sowjetischen Bauherren und Kulturoffizieren aber noch ein ganz anderes Nutzungskonzept nach Deutschland, nämlich das der spezialisierten Klubhäuser einzelner Betriebe, Institutionen und Massenorganisationen. Diese Zuordnung von Kultur- und Spielstätten zur Industrie war für Deutschland, von den anders ausgerichteten Kameradschaftsheimen der Nazis einmal abgesehen, ebenso neu wie die Einrichtung von Pionierhäusern, Klubs der Intelligenz oder der Kulturschaffenden, später auch von Regimentkulturhäusern oder Klubs in Sanatorien und Feriengebieten. Das Klubmodell hatte seinen historischen Ausgangspunkt in den besonderen Bedürfnissen während der russischen Revolution, die im Gegensatz zu Westeuropa darauf angewiesen war, erst ein gebildetes, selbstbewußtes revolutionäres Subjekt zu schaffen. So waren die Klubs ein sehr erfolgreiches Modell der politischen und der beruflichen Erwachsenenbildung in unmittelbarer Reichweite der Arbeitsstätten geworden. Gewissermaßen im »Vorhof« der Fabrik, der Verwaltung oder der Familie holte die sowjetische Gesellschaft durch die Einrichtung von bildungsorientierten Klubs im Schnellverfahren die Zivili-

Ilja Golosow,
Zuev-Klub in Moskau,
1927-1929

113

sationsleistungen der bürgerlichen Gesellschaft des 19. Jahrhunderts nunmehr unter Bedingungen weitgehend aufgehobener Privatheit nach.

Die Spezifik des sowjetischen Klubkonzepts war eng mit der Geschichte der »Proletkult« verbunden, der »Proletarischen kulturell-aufklärenden Organisation«. Sie war gleich nach der Februarrevolution 1917 von Anatoli Lunatscharski, Fedor Kalinin und Nadeshda Krupskaja gegründet worden. Diese Organisation mit zeitweilig größerer Mitgliederzahl als die bolschewistische Partei selbst bildete im Rahmen von Lunatscharskis Bildungsministerium bald einen parteifernen Flügel der sogenannten Linken um den Soziologen und Organisationswissenschaftler Alexander Bogdanow. Auf der Basis von Bogdanows modernisiertem Marxismus, nach dem Wissen und Sprache selbst Macht konstituiere und die bloße Verfügung über das ehemals kapitalistische Eigentum nicht genüge, entwickelte die »Proletkult« das avantgardistische Konzept einer alternativen proletarischen Kultur, die streng wissenschaftlich organisiert und von allen bürgerlichen Konventionen befreit sein sollte. Man bespielte Straßen und Plätze, dekorierte Häuser, Fabriken, Märkte und Verkehrsmittel und erfand neue Formen der künstlerischen Produktion wie das Massentheater oder Klangsinfonien aus Sirenen, Schiffs- und Lokomotivsignalen. Die russischen Futuristen erwiesen sich zum Teil als anarchistisch, mehrheitlich aber auch als extrem tayloristisch orientiert. So betrieb A. K. Gastew ein »Institut zur Organisation der Arbeit und Mechanisierung des Menschen«, das als eine Quelle der heutigen Ergonomie angesehen werden kann. Die Klubs wurden demzufolge als »Soziale Kondensatoren« verstanden, in denen aus den bürgerlichen Familien- und Herdentieren selbstbewußte, mental autonome, sachlich strukturierte Über-Proletarier, perfekte »Robotniks« der neuen Gesellschaft werden sollten. Gefühle galten als Verschwendung von Energien, man wetteiferte in jeder Hinsicht mit dem Pragmatismus und dem Zivilisationsschub des modernen Amerika. Ausdrücklich nach dem Vorbild des vielfältigen amerikanischen Klubwesens sollte nach Nadeshda Krupskajas Vorstellungen der sowjetische Arbeiterklub in erster Linie ein »öffentlich heimischer Herd« sein. Im Zentrum dieser Metapher standen der Samowar und als zentraler Raum die Teestube, in der man sich im Klub ungestört entspannen können sollte. In der Tat bedeutete das russische Klubmodell einerseits die Politisierung und Vergesellschaftung der neu gewonnenen Freizeit des Arbeiters nach der Einführung des Achtstundentags durch die Revolution und gleichzeitig auch die Verlagerung räumlicher Elemente der Privatheit in die Öffentlichkeit. Was dem Bürgertum in der Geschichte seiner Emanzipation in erster Linie die Salons und Theater gewesen waren, wurde nunmehr für die Proletarier der Klub: eine zeit-räumliche Institution der Kommunikation, der Selbstbegegnung und des sozialen Lernens. Der Architekt El Lissitzky definierte 1930 diesen wechselseitigen Zusammenhang von privat und öffentlich in den »sozialen Kraftwerken« folgendermaßen: »Dem Klub ist die Aufgabe gestellt, die hohe Schule der Kultur zu bilden. Wenn die Privatwohnung bestrebt ist, möglichst puritanisch zu wirken, so soll hier in der öffentlichen Wohnung der größtmögliche Luxus allen zugänglich sein. [...] Hier ist in der inneren und äußeren Gestalt des neuen Klubs unsere Auffassung von der geistigen Form und Ästhetik des sozialen Menschen zum Ausdruck zu bringen.«[32]

Gegenüber den kleineren, betriebsbezogenen Klubs, die man als verlängerte Wohnstuben großer Aufenthaltsqualität betrachtete, entstanden seit Mitte der zwanziger Jahre neben den bereits aus der vorrevolutionären Zeit bestehenden und vielfach neu geschaffenen Volkshäusern in der Sowjetunion auch die ersten großen Kulturhäuser und Kulturpaläste. Sie hoben in gewisser Weise das Selbsttätigkeitsprinzip der Volkshäuser und Arbeiterklubs auf, indem sie als Veranstaltungsorte für ein Massenpublikum dienten. Während der Arbeiterklub eher der »permanenten Revolution«,[33] dem ständigen Arbeiten an sich und der Gesellschaft dienen sollte, setzten sich im Kon-

32 El Lissitzky, Rußland. Architektur für eine Weltrevolution (1929), Berlin 1965.
33 Vgl. hierzu Dietrich W. Schmidt, Der sowjetische Arbeiterklub als Paraphrase des deutschen Volkshauses, in: Avantgarde II, 1924-1937. Sowjetische Architektur, Stuttgart 1993, S. 76-91.
34 Vgl. Jürgen Thamm, Aufbau der Kulturhäuser Bitterfeld, Böhlen und Leuna, Diplomarbeit an der Karl-Marx-Universität Leipzig 1978.

zept der Kulturpaläste Züge des Stalinismus durch: Die Revolution war angekommen, und sie feierte sich in zunehmendem Maße in nationalsprachlichen Würdeformeln des 19. Jahrhunderts. Ja, man gab die eigenen Errungenschaften auch den Nachbarn weiter, wie das Beispiel des Warschauer Kulturpalastes und die »Geschenke« der SAG an die deutschen Arbeiter von Böhlen, Buna und Bitterfeld anschaulich belegen.[34]

Bitterfeld: Das Opernhaus im Kombinat

Die russischen Generaldirektoren richteten in ihrem Wirtschaftssektor spezielle betriebliche Verwaltungsbereiche für Kulturarbeit ein. Es gab eigens Kulturdirektoren mit entsprechend großzügigem Etat und, was wichtiger war, mit Sonderzuweisungen an Instrumenten, Bindfaden, Farbe, Bauholz, Papier und anderen Unentbehrlichkeiten. Scheinbar untereinander in Konkurrenz stehend, was die schnellste und eindrucksvollste Einführung des Sozialismus in Deutschland anging, übertrafen sich die Generaldirektoren in Bitterfeld, Böhlen und Leuna, Fedorow, Mochow und Matjejew, gegenseitig in der Ausrufung riesiger Bauprogramme zur Entwicklung der Sozialeinrichtungen der Betriebe, Ambulatorien, Berufsschulen, Sporteinrichtungen, Parkanlagen sowie außerhalb gelegener Sanatorien und Ferienlager. Aus dem Gewinn der Sowjetischen Aktien-Gesellschaften wurden Millionensummen allein für die Errichtung von Kulturpalästen bereitgestellt, wenn auch bei weitem nicht immer voll ausgezahlt. Freiwillige Arbeitsleistungen der Belegschaftsmitglieder vervielfältigten diese Investitionen noch durch Bauleistungen, so in Bitterfeld in Höhe von 300.000 Arbeitsstunden im Wert von 2,7 Millionen Mark.

Das Raumprogramm dieser Bauten war bereits nach den überschwenglichen sowjetischen Vorgaben kolossal. Die deutschen Partner trotzten darüber hinaus dem russischen Klubhausprinzip gelegentlich noch ein Festspielhaus ab, dessen Bühne selbst für anspruchsvolle Opernaufführungen geeignet sein mußte. Getragen von dem deutschen Traum vom Gesamtkunstwerk, schufen die Initiatoren in Bitterfeld mitten auf dem Gelände des Großbetriebes ein kleines »Bayreuth«. War der russische Generaldirektor Fedorow durch den Bürgermeister nicht dazu zu bewegen gewesen, »sein« Kulturhaus in die Stadt, an den Platz der Jugend, zu stellen, hatte das deutsche Bühnenbaukomitee wiederum ebenso unnachgiebig auf seiner Opernhauslösung bestanden.

Diese Vorgänge erklären auch die *in praxi* verschwimmenden, unterschiedlichen Kategorien: Die Russen wollten vor allem Klubhäuser für die Arbeiter ihrer Betriebe errichten, d.h. im Sinne Nadeshda Krupskajas »öffentliche heimische Herde« zur erweiterten Reproduktion der menschlichen Arbeitskraft und der kulturellen Kompetenz. Zum »Kulturpalast« wurde ein Bauvorhaben in der Propagandasprache vor allem wegen der

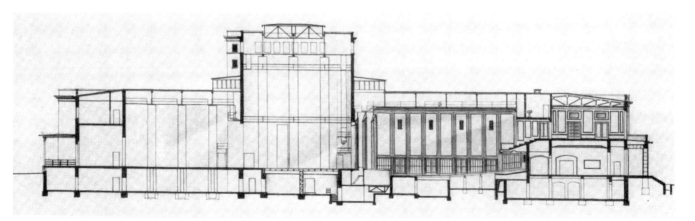

Theodor Simon, Alfred Dienst, Kulturpalast Bitterfeld, 1952-1954, Längsschnitt

phantastischen Größe und Komplexität des funktionalen Programms und der Lage in einem eigenen Bezirk oder Park. Die deutschen Partner wiederum, Architekten wie Kulturdirektoren, brachten ihren Traum vom Festspielhaus in die Planung ein. Die häufig opulenten Bühnenhäuser, beliebig versenkbare Orchestergräben für wahlweise Wagner- oder Mozart-Inszenierungen, feste Bestuhlungsvarianten und ansteigende Fußböden wie in Bitterfeld deuten auf die deutsche Vorliebe hin, am liebsten ein klassisches Theater- oder Opernhaus verwirklicht zu sehen. Mitunter wurden Klubhaus und Kulturstätte sinnvollerweise nach ihren verschiedenen Programmen auch räumlich und organisatorisch getrennt wie in der Industriegemeinde Gröditz. Das Klubhaus mit einer Spätverkaufsstelle war in einem Gebäude unmittelbar am Haupttor des Stahlwerkes angesiedelt, auch das Zellstoffwerk hatte am Werkstor ein eigenes »Haus der Dienste« mit Wäscherei- und Nähstube. Gemeinsam für alle Betriebe und die gesamte Gemeinde errichtete man schließlich die »Kulturstätte« als Festsaal und Aufführungsgebäude in der Ortsmitte. Außerdem wurde ein ehemaliges Nazi-Jugendheim für verschiedene Zirkel von Aquarianern, Bogenschützen, Modellbauern und Funkern bis hin zur Kinderbibliothek weitergenutzt. Klub bedeutete also verlängerte Wohnung, Einrichtung des Freizeitbereiches und Selbsttätigkeitsprinzip, Kulturhaus eher Spielstätte und Veranstaltungsgebäude mit hohem Anteil an Eigenproduktion, und mit Kulturpalast wiederum war die möglichst monumentale, »wagnerfähige« Kombination dieser Elemente mit Parkanlagen, Sportstätten und Weiterbildungseinrichtungen, den Betriebsakademien, gemeint.

Am Anfang der Entwicklung des neuen Bautyps standen ein ausuferndes Raumprogramm und in einzelnen Fällen wie in Chemnitz-Siegmar, Heringsdorf und Zinnowitz auch sowjetische Typenprojekte. Im Falle des mit großem Propagandaaufwand als »Geschenk der Sowjetunion« angekündigten Böhlener Vorhabens waren für die Belegschaften dreier großer ortsansässiger Werke zunächst folgende Bedürfnisse in Anschlag genommen worden: ein Theatersaal für 1.500 Personen mit Orchesternische für 75 Musiker und eine Bühne, beste akustische und optische Bedingungen für alle Plätze im Saal, ein zweiter Saal für 70 Personen, Künstlergarderoben, Dekorationswerkstatt und Schneiderei, ein Foyer, zwei Restaurants, ein Buffet, ein Raucherzimmer, Toiletten und Garderoben, ein Kinosaal für 500 Personen mit kleiner Podiumsbühne, eine Radiostation mit Nebenräumen, ein Mehrzwecksaal für Tanz, Ausstellungen und Gymnastik für 500 Personen – selbstredend mit kleinem Foyer mit Raucherzimmer und eigenen Toiletten. Im ganzen Haus sollten alle Räume durch Erschließungsgänge miteinander verbunden sein. Im Park sollten außerdem ein Stadion für 15.000 Zuschauer, ein Sommer- und ein Winterbad sowie diverse Spielflächen angelegt werden. Nachdem vermutlich die Frage, wer das große Haus bespielen sollte, geklärt war, erweiterte der Generaldirektor später das Programm nochmals um vierzehn weitere Zirkelräume. In der Summe hätte diese ehrgeizige Vorgabe des russischen »Mäzens« rund 18 Millionen Mark gekostet, die natürlich nicht aufgebracht werden konnten. Daher kam es zu Verzögerungen bei der Ausführung des realistisch auf 2,5 Millionen Mark reine Materialkosten heruntergestrichenen Projekts, das zunächst in den Seitenflügeln genutzt und nach drei Jahren Bauzeit im Beisein Otto Grotewohls endlich eingeweiht werden konnte. Der Sohn des Ministerpräsidenten, Hans Grotewohl, hatte mit seinem bei Hermann Henselmann erarbeiteten kollektiven Studentenprojekt für ein Kulturhaus in Hirschberg mehr Glück. Bei diesem einzigartigen, reinen Selbsthilfeprojekt der Lederfabrik war alles rasant schnell gegangen. Im Tausch Leder gegen Baustoffe, unter Mithilfe der ganzen Stadt und bis hin zur Bestuhlung aus eigenen Mitteln finanziert, war binnen eines Jahres aus einem Kesselhaus und Küchengebäude das erste eigene Kulturhaus der DDR entstanden. Es wurde am 21. Dezember 1949 eröffnet. Dieser Fall einer ebenso bescheidenen wie ortsangemes-

35 Otakar Máčel, Werner Möller, Ein Stuhl macht Geschichte, München 1992.

senen Variante blieb aber in den frühen Jahren eher die Ausnahme, die meisten Kulturhausbauten von Betrieben vor 1953 wurden durch die Sowjetische Militäradministration veranlaßt, mit hohen Anteilen finanziert und letztlich mit ähnlich phantastischen Ansprüchen projektiert wie das Haus in Bitterfeld.

Wohl gab es auch die Umnutzungen früherer Gesellschaftshäuser der IG Farben wie in Leuna mit geringeren Wiederaufbaukosten (1947/1957), im Fall des ausgebrannten IG Farben-Theaters in Wolfen (1950), in Radebeul (1946) und im ehemaligen Casino der Winterhall AG in Merkers, wo lediglich ein Saalanbau erfolgte. Je später aber ein Kulturhausprojekt in Angriff genommen wurde, desto ambitionierter gerieten die räumlichen Dimensionen. An vielen Industriestandorten entstanden schließlich jeweils für einzelne Betriebe gleich mehrere Kulturhäuser. In Merkers, dem Revier des größten Kaliproduzenten des Landes, waren es drei, in Hennigsdorf, der jüngsten Stahlwerkerstadt des Landes, zwei (sowie ein zentrales Haus), und in Eisenhüttenstadt war neben dem Kulturhaus des Eisenhüttenkombinats und dem Theater »Friedrich Wolf« noch ein besonderes Städtisches Kulturhaus am zentralen Platz geplant.

Drive-In-Kultur für Arbeiter in Böhlen

Als in den sächsischen Zeitungen 1949 gemeldet wurde, daß in Böhlen ein großartiger Kulturpark und Kulturpalast entstehen sollte, hatte sich u.a. der Direktor der Dresdner Kunstakademie, Mart Stam, erboten, in das 18-Millionen-Projekt einzusteigen. Sein Engagement muß im Kontext der damaligen Auseinandersetzungen um die neue Kultur gesehen werden, als ein Wettstreit der Gestalter um die sinnlich erlebbaren Elemente einer Gesellschaft befreiter Arbeit und industrieller Produktion. Im Mittelpunkt der Debatte standen nicht nur bloße Symbole, wie der von Stam erfundene Freischwinger-Stuhl,[35] sondern es sollten neue Verhältnisqualitäten zwischen arbeitendem Menschen, Gerät und Raum erkundet werden. Jenseits von Formalismen ging es den »Modernen«, die sich vehement an der Entwicklung der sowjetisch besetzten Zone zu beteiligen gedachten, durchaus um die »Art der Menschbildung« (Hans Scharoun) und um die Einheit von »konstruktiver und kultureller Qualität« (Mart Stam) als Basis eines neuen Stils, zu dem sich Stam ausdrücklich bekannte. Eine Zeitlang herrschte auch zwischen den sich bald spaltenden kulturpolitischen Lagern durchaus ein Grundkonsens: »Wir alle suchen den Realismus.« Unterschwellig aber tobte zwischen den Protagonisten ein symbolischer Kampf um Definitionsmacht und Kompetenz für die Gestaltung repräsentativer Güter einer proletarischen Kultur. Dieser Kampf um die Semantik der neuen Gesellschaft erfaßte alle Bereiche der künstlerischen und sozialwissenschaftlichen Intelligenz und ist als »Formalismusstreit« in die Geschichte eingegangen.

Stam entwickelte das Kulturpark-Projekt als einen Landschaftspark in organisch geschwungenen Bändern für den ruhenden und für den fließenden Verkehr, für die Kultur- und Sportbauten und die in Richtung des Auenwaldes zunehmend dichten, ungebundeneren Gehölzgruppen. Im Drehpunkt des abgeknickten Geländes plazierte er das Kulturhaus, das durch ein voluminöses Bühnenhaus aus der Ferne sichtbar war. Das Modell und die Entwürfe für das Bauwerk waren auf der II. Deutschen Kunstausstellung im Oktober 1949 im Rahmen der Architekturabteilung zu sehen, die bei den SED-Instanzen wegen ästhetischer Minderwertigkeit durchfiel.

In der Tat hinterlassen die überlieferten Aufnahmen vom Modell des Böhlener Kulturpalastes widersprüchliche Empfindungen: Die strenge Symmetrie und säulenartige Kolossalstützen im Mitteltrakt wecken unangenehme Assoziationen, etwas reichlich »Leninbibliothek« und große Geste für einen Mart Stam. Anderseits hinterläßt die Schroffheit, mit der das überdimensionierte Bühnenhaus, als »Produktionsstätte« sinnvollerweise wiederum einer Fabrikhalle ähnelnd, unvermittelt aus der sonst sehr sensibel behandelten Baumasse herauskragt, einen recht unbefriedigenden Eindruck. Während es dem holländischen Architekten bei früheren Entwürfen überzeugend gelungen war, das Spannungsverhältnis sehr kontrastreich proportionierter Volumenkomplexe ästhetisch höchst wirkungsvoll auszuloten, versagt dieses Gestaltungsmittel hier völlig. Das mag daran liegen, daß dieses Kompositionsprinzip eine asymmetrische Anlage geradezu voraussetzt, wogegen die axiale Ordnung der Baukörper eher eine harmonische Massenverteilung erfordert. Mart Stams Kulturhaus zerfällt unvermittelt in Hinten und Vorn, Mitte und Seiten, Fein und Grob, ist hier »Kirche« und dort »Fabrik«. Ein negatives Urteil auf den ersten Blick hin liegt nahe – und dieses Urteil fiel in Böhlen im Dezember 1949 auch entsprechend aus. Aus historischer Sicht jedoch verdient das bemühte Projekt Stams alle Aufmerksamkeit, denn es zeigt ein äußerstes Maß an Konzilianz, an »Stilwillen« und Lesbarkeit, das die häufig vertretene These vom Dogma der Moderne in Frage stellt.

Darüber hinaus trügt auch das vorschnelle ästhetische Urteil, wie ein Blick auf die Planzeichnungen deutlich macht. Was sich hier zunächst spontan über die graphische Qualität der Grundrisse vermittelt, ist die Konzeption eines ausgesprochen leichten, im Materialaufwand minimierten und konstruktiv sehr transparenten Theaterbaus. Foyer und Saalteil des Baus waren in ein regelmäßiges Stützraster eingeschrieben, das

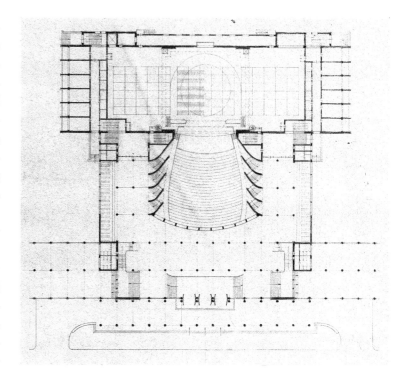

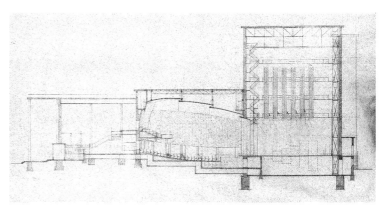

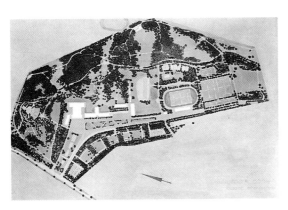

im Foyerbereich eine kappengewölbte Dachkonstruktion trug. Wo es nicht die Akustik verbot, sollten die konstruktiven Details sichtbar bleiben und den sachverständigen Besuchern gezeigt werden, so wie ein Werkstück, das Produkt ihrer Arbeit, der Kontrolle anderer unterlag. Transparenz sicherten auch die verglasten, in die Konstruktion eingehängten Fassaden. Die Tuschezeichnung des Foyers vermittelt sehr deutlich, worauf es Mart Stam neben der »konstruktiven Qualität« auch ankam: ein gehobenes, feiertägliches Ambiente ohne vordergründige Repräsentation. Er wählte die Form einer hohen, dreischiffigen Halle und

Rechts oben: Mart Stam, Kulturpalast Böhlen, 1949, Entwurf, Erdgeschoßgrundriß,

Rechts unten: Längsschnitt des Entwurfs

Links: Mart Stam, Entwurf für das Kulturparkgelände in Böhlen, 1949

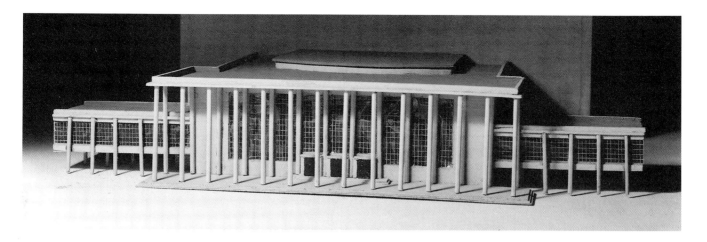

Mart Stam, Kulturpalast, Böhlen, Modellaufnahme

36 Im Nachlaß Kurt Liebknechts befindet sich ein bedauernder persönlicher Brief an Stam.

Fugmann, Ansicht des ausgeführten Kulturpalastes, Böhlen, 1950-1952

damit einen symbolträchtigen Raumtypus, den sich das emanzipierte Bürgertum seit den Reformen des Jan Hus für seine Stadt- und Predigerkirchen geschaffen hatte und den vor ihm Karl Moser bei der St.-Antonius-Kirche in Basel und die Brüder Perret beim Bau von Notre-Dame-de-Raincy modern interpretiert hatten.

Der zeitgenössischen Kritik widerstrebte Stams Angebot insbesondere wegen seiner Schroffheit im Umgang mit den silhouettenbildenden Volumina und vor allem wegen der Aufständerung der Seitenflügel auf Stelzen. Dieses typisch funktionalistische Motiv eines »Drive-In«-Geschosses für die Fahrzeuge der Benutzer des Hauses galt als westlich-modernistisch und führte dazu, daß das Projekt trotz Intervention Grotewohls und heimlicher Unterstützung durch Kurt Liebknecht[36] schließlich als »formalistisch« abgelehnt wurde. Irgend jemand aber scheint zumindest das Saalkonzept weitgehend gerettet zu haben. Der überaus schöne Innenraum des Böhlener Kulturpalastes spricht eindeutig die Sprache der Dresdner Möbelgestaltungen Mart Stams. Unabhängig von der noch nicht lupenrein geprüften Urheberschaft der Böhlener Saalarchitektur gehört der Zuschauerraum zu den wichtigsten Denkmälern der frühen Moderne in der DDR.

Die Absurdität des damaligen Urteils gegen die auf Pilotis schwebenden gläsernen Seitenflügel des Theatervorbaus als Zufahrten und Garagen erwies sich im nachhinein als wohlreflektierte funktionale Überlegung. Die massive Kritik der Werktätigen an dem 1952 auf der Grundlage eines Gegenprojektes ausgeführten Bauwerk bedarf keines weiteren Kommentars: »Es ist wirklich leichtsinnig, wenn ein Kumpel mit seinem Rad nach dem Kulturhaus fährt. Die Aufsicht läßt es nicht zu, daß er es mit ins Haus bringt, sondern gibt ihm den Rat, die Karre einstweilen in einer dunklen Baubude unterzustellen. Nun schlittert der Ärmste durch den knöcheltiefen Schlamm, sinkt hier in ein Wasserloch oder rutscht schlittschuhfahrend über den glatten Lehm. [...] Es ist kein Genuß, durch Wasserlöcher und Unebenheiten zu wandern, um dann vielleicht eine ›festliche Veranstaltung‹ zu erleben.«

Mart Stams gescheitertes Projekt eines Glaspalastes auf Stelzen und Hermann Räders Kulturhaus des Uhrenwerkes Ruhla und das der MAS Trebus blieben für einige Zeit die letzten Versuche einer modernen Architektur deutlich konstruktivistischer Prägung. Die in Böhlen vorgenommenen Korrekturen machen die Substanz der 1950 durchgesetzten offiziellen Doktrin bereits deutlich: Auf die schwebend aufgeständerten Seitenflügel reagiert der realisierte Bau mit Sockelbildung und damit betonter »Erdverbundenheit«, die noch stark verglaste Foyerfront erhält eine befestigende Rahmung, und das Verhältnis der einzelnen Volumina wird entspannt und beruhigt. Im Vergleich zum luftigen und konstruktiv klar ablesbaren Projekt Stams entsteht nunmehr eine Anmutung von Solidität, betonter Körperlichkeit und Schwerkraft. An die Stelle von architektonischer Eleganz, technischer Rationalität und industrieller Ästhetik tritt eine banal wirkende Stofflichkeit. Diese Entwicklung zum Schweren und Lastenden scheint nicht allein im nachhinein die als überholt verworfene Moderne zu rechtfertigen, sondern veranlaßte die Deutsche Bauakademie unmittelbar zu heftigen Interventionen, die eine heitere, architektonisch respektable und würdevollere Architektur entwickeln sollten.

Formalismusstreit: Symbolische Kämpfe um Würdeformeln und das rechte Maß

Die meisten der frühen Kulturhäuser, allen voran offensichtlich die um 1950 in Sachsen-Anhalt gebauten, wurden auf der Grundlage örtlicher Initiativen fast ausschließlich als Betriebskulturhäuser errichtet. Sonderbauprogramme sicherten vorrangig den Standorten des Erzbergbaus und der Schwerindustrie die notwendigen Investitionen, aber auch sogenannte Leitbetriebe einzelner Branchen wurden mit mustergültigen Sozialeinrichtungen ausgestattet. In der Regel wurde die staatliche Anschubfinanzierung zusätzlich durch »Muskelkapital«, unentgeltliche Arbeitsleistungen im Rahmen des Nationalen Aufbauprogrammes, beträchtlich aufgestockt. Häufig wurden selbst die Projektierungsleistungen kostenlos erbracht, oder die Pläne wurden von angestellten Betriebsingenieuren erstellt. Eine Reihe der Gebäude haben infolgedessen den Charme von Verwaltungsbauten der Vorkriegsjahrzehnte (Zeitz, Aue) oder können die Anlehnung an Theaterbauten der dreißiger Jahre (Bitterfeld-Dessau) nicht verhehlen. Nachrangig und damit etwas phasenverschoben wurden Kulturbauten auch im Rahmen der Wiederaufbau- und allgemeinen Stadtplanung in Angriff genommen. In größeren Städten war dabei ein ganzes Netz von nach Trägerschaft spezialisierten (Pioniere, FDJ, Kulturbund, Deutsch-Sowjetische Freundschaft) oder stadtbezirksbezogenen Standorten vorgesehen. Insgesamt aber flossen die verfügbaren Mittel in den fünfziger Jahren überwiegend in den Produktionssektor, was dazu führte, daß innerstädtische Kulturhäuser kaum gebaut wurden. Eine ganze Reihe ausführungsreifer Projekte blieben aufgrund der Investitionsschwäche im Stadium der Planung und überlebten die Wende zum industriellen Bauen nicht, so in Neubrandenburg und Dresden.

Trotz der offiziellen Forderung nach einer traditionellen, aber typologisch innovativen Architektur entstanden jenseits der geächteten Moderne sehr verschiedene Lösungen. Manchmal erinnern sie eher an nüchterne Verwaltungsarchitektur, in ländlichen Bereichen Thüringens und Sachsens mitunter an Konventionen der pietistischen Stiftungshäuser und an die Architektur der Brüdergemeinden, andernorts wiesen sie wieder Anklänge an den anhaltinischen Klassizismus und den »Stil um 1800« auf. Nur bei einer relativ kleinen Gruppe von Bauten wurde schließlich in dem kurzen Zeitraum von ungefähr 1953 bis 1956 ein ausgeprägter Stilkanon deutlich.

Wie schwierig es für die 1951 als Leitstelle geschaffene Deutsche Bauakademie und die vor allem den Materialeinsatz und Kostenaufwand betreffende zentrale »Architekturkontrolle« beim Ministerium für Aufbau offensichtlich war, das dynamische Geschehen nicht allein zu überwachen und zu begutachten, sondern auch stilprägend zu

Rechte Seite

Links oben: Christian Schwach, Kulturhaus Ebersbach, 1956

Links, 2.v.o.: Kulturhaus Johanngeorgenstadt, 1956

Links, 2.v.u.: Walter Brandt u.a., Kulturhaus Obhausen, 1957

Links unten: Ernst Max Jahn, Kulturhaus Bandelin, 1953

Rechts: Eichwald, Kultur- und Freizeitzentrum Merkers, 1952-1954, Giebelmotiv

37 Siehe Nachlaß Walter Ulbricht, Nr. 182/931, Bl. 42-57, Stiftung Archiv der Parteien und Massenorganisationen im Bundesarchiv (SAPMO).

beeinflussen, macht allein der Fall der ländlichen Kulturhäuser deutlich. Ein erstes gezieltes und damit auch steuerbares Programm »Zur Kulturarbeit auf dem Lande«,[37] das durch die SED-Fraktionen im März 1949 erstmals als Beschlußvorlage in die Landtage eingebracht worden war, wurde in Verhandlungen zwischen den Ressorts Kultur, Volksbildung, Kommunalpolitik und Land- und Forstwirtschaft erstellt. Es enthielt das regionalplanerische Konzept für die Einrichtung von 500 Maschinenausleihstationen (MAS) an zentralen Orten im ländlichen Raum, die auf die Entwicklung einer gleichmäßigen kulturellen und sozialen Infrastruktur abzielte. Im Jahr 1953 befanden sich in der Folge bereits 343 MAS-Kulturhäuser im Bau, davon allein 102 in Mecklenburg-Vorpommern und 96 in Sachsen-Anhalt. Seit der Aufnahme des umfangreichen Programms und einem entsprechenden, 1950 ausgeschriebenen Ideenwettbewerb waren zum Zeitpunkt der Bauakademiegründung überdies 94 Häuser bereits fertiggestellt. Sie waren zumeist als einfache ländliche Verwaltungsgebäude mit kleineren Kinosälen und Bibliotheken mit Lese- und Radioräumen in traditioneller, ortstypischer Bauweise kaum von den Neubauernhäusern zu unterscheiden. Während die Großbetriebe unter sowjetischer Verwaltung in der Regel selbst über die Projekte und den Baustil entschieden hatten, brachen in der Fortführung dieses MAS-Programmes allerdings die Auseinandersetzungen verschiedener überregionaler Akteure um ihre jeweilige Richtlinienkompetenz und ästhetisch-normative Befugnis heftig auf. In den Prozeß des Aushandelns schalteten sich neben dem federführenden Aufbauministerium, den Kommissionen der Branchengewerkschaften und den lokalen Bauherren die Bauakademie und auch die kritische Öffentlichkeit ein. Gerade bei dem zur Klärung ausgeschriebenen Ideenwettbewerb stellte sich 1951 heraus, daß alle, auch die Architekten, unterschiedliche Vorstellungen von einem Kulturhaus hatten. »Je mehr man sich in die ausgestellten Entwürfe vertieft, desto klarer wird, daß den Architekten die gestellte Aufgabe nicht geläufig ist. Was sie uns zeigen, sind im Grunde Herrenhäuser von früher oder Gasthäuser, Ausstellungshallen, Kinos, ja sogar Kirchen. Einer der Entwürfe zeigt eine ausgesprochene Basilika, deren Saal an ein Kirchenschiff erinnert. Andere Entwürfe sehen aus wie ein Kurhaus oder ein Sanatorium, alles mögliche, nur kein Kulturhaus einer MAS. Vertreter der IG Land und Forst, die die Ausstellung eingehend besichtigten, stellten die Frage, ob die meisten der beteiligten Architekten überhaupt schon einmal eine MAS gesehen haben.«[38]

Während im zitierten Beitrag der *Berliner Zeitung* auf ebenso wirtschaftliche wie funktional sinnvolle Lösungen gedrängt wurde, kam von anderer Seite Einspruch. Der Präsident der Bauakademie kritisierte den »völlig falschen Ton« des unterschwellig ironischen Beitrags, verteidigte den Sinn dieses und weiterer Wettbewerbe und schrieb: »Wir sind anderer Meinung, da Säulen, Vorhallen schöne architektonische Mittel sind, Festlichkeit, Freude und Repräsentation auszudrücken [...].«[39] Sein Beitrag machte deutlich, daß dem ohne konkrete Kostenangaben ausgeschriebenen Wettbewerb lediglich eine orientierende und instruierende Rolle innerhalb des »Formalismusstreits« zugewiesen wurde. Er bedeutete allerdings mehr als nur ein oberflächliches Gerangel um die richtige Parteidoktrin in Kunstfragen. Das ist von den Zeitgenossen selbst in aller Klarheit empfunden worden, wie ein Aufsatz Hermann Henselmanns belegt: »Die Diskussion um den Formalismus, die sich in den letzten Jahren auf die verschiedensten Gebiete der künstlerischen Äußerungen erstreckt, ist keine der üblichen ästhetischen Auseinandersetzungen. [...] Jede Gesellschaft entwickelt aus den ihr eigenen Bedingungen Verkehrsformen, allgemeine Übereinkünfte auf allen Gebieten des Lebens, die dem jeweiligen Bewußtsein entsprechen.«[40]

In der Tat ging es bei den heftigen Debatten um angemessene gegenständliche Manifestationen und Repräsentationen der neuen Gesellschaft, »symbolische Kämpfe um den Wert von distinguierenden Gütern und Zeichen, Kämpfe um Prestige, Würde und Deutungsmacht« (Michel Foucault). Wenn Henselmann über »gesellschaftliche Verkehrsformen und allgemeine Übereinkünfte auf allen Gebieten des Lebens« sprach, bedeutete das in der Sprache der Soziologie die Neufestlegung des »semantischen Systems der Gesellschaft« (Niklas Luhmann). So bedeutete die »Formalismusdebatte« nichts Geringeres als eine zugespitzte Debatte um die neue Gestaltung des Lebens, einen tödlich ernsten Streit darüber, wie man künftig sehen, hören, sprechen, lesen oder eben wohnen soll.

Ihre jederzeit prekäre Lage in diesem durch enorme politische Zersplitterungen aufgeladenen Machtkampf um Gestaltungs- und Deutungskompetenz war den Beteiligten hinreichend klar. Daher auch der »missionarische« Ernst und die »Besserwisserei« auf allen Seiten: »Es ist der ewige Kampf zwischen den sogenannten Intellektuellen,

38 Dr. G., »Die Säulen tun es nicht allein.« Ergebnisse eines Architektenwettbewerbes der Deutschen Bauakademie für MAS-Kulturhäuser, in: Berliner Zeitung, 13.6.1951.
39 Kurt Liebknecht, Im Kampf um eine neue deutsche Architektur. Wettbewerbe beschleunigen die Entwicklung, in: Neues Deutschland, 4.7.1951.
40 Hermann Henselmann, Formalismus und Realismus, in: Planen und Bauen 4 (1950), S. 244-248 u. 282-287.
41 Eugen Hoffmann in einem Brief an Hans Grundig am 10.12.1948, in: Hochschule für Bildende Künste (Hg.), Eugen Hoffmann. Lebensbild – Dokumente – Zeugnisse, Dresden 1985.
42 So lautete die Programmerklärung der Deutschen Bauakademie von 1953.
43 Vgl. Josef Stalin, Der Marxismus und die Frage der Sprachwissenschaft, Berlin 1951, und die von dieser Schrift in allen sozialistischen Ländern ausgelösten Konferenzen im Bereich der Kultur, Philosophie und Journalistik.
44 Otto Grotewohl, Volk und Kultur. Referat zur Eröffnung der Kulturwoche der Stadt Erfurt am 24.9.1948, in: Deutsche Kulturpolitik. Reden von Otto Grotewohl. Mit einer Einleitung von Nationalpreisträger Johannes R. Becher, Dresden 1952, S. 49.

den kalten Schöngeistern, Winkelarchitekten und den schöpferischen Kräften, den künstlerischen Menschen. [...] Auf uns richtet die Welt ihre göttlichen Augen. In Wirklichkeit haben wir allein den realen Beweis zu erbringen, daß Sozialismus keine Utopie bleibe.«[41] Erst innerhalb dieser Dimension wird das Schicksal des in diesem Spiel der Geschichte um die neuen ästhetischen Regeln Unterlegenen wirklich verständlich. So wurde Mart Stam mit »seiner spezifisch geistigen und modernistischen Haltung« von Walter Ulbricht aus der DDR abgeschoben, konnte sich infolge seines ihm nachgetragenen, zweimaligen kommunistischen Engagements (in der Sowjetunion und in der DDR) in seiner holländischen Heimat nicht wieder integrieren und lebte bis ans Ende seines Lebens an wechselnden Orten. Schließlich war es auch ihm um das Ganze, um die »Semantik des Sozialismus« als eine möglichst klare, differenzierte und offene Konstruktion allgemeiner Sinnzusammenhänge gegangen. Im Kampf um das Gesicht des Sozialismus war er der Verlierer.

Die Entscheidung gegen den Modernismus, den zunächst fast alle Architekten vertreten hatten, fiel aus verschiedenen Gründen. In der öffentlichen Diskussion überwog dabei die Opposition gegen den »amerikanischen Kosmopolitismus«, mit der die kulturpolitische Dominanz der westlichsten Siegermacht kritisiert werden konnte. Die damit verbundene »Verteidigung der deutschen Architektur«[42] hatte den taktischen Vorteil, deutliche antiamerikanische Ressentiments in Westdeutschland zu bedienen, und war auch im Hinblick auf die offizielle Doktrin von der einheitlichen deutschen Kulturnation durchaus opportun.

Neben der deutschlandpolitisch nützlichen, nationalkulturellen Strategie, die zum Kernbereich der stalinistischen Ideologie gehörte,[43] bedeutete die Ablehnung der Moderne im Wohnungs- und Städtebau zugleich auch eine fundamentale Absage an die als sozialdemokratisch-reformistisch denunzierte Tradition des Neuen Bauens der Weimarer Republik. Der soziale Wohnungsbau, so hieß es scharfmacherisch im *Neuen Deutschland*, sei letztlich beim Existenzminimum, der räumlichen Einhegung der Klosettbrille, verendet. Die Architektur des Sozialismus dagegen müsse mehr leisten als die schlichte Befriedigung der unmittelbaren Notdurft der Werktätigen. Paläste für Arbeiter waren angesagt. Das bedeutete konkret auch eine Ohrfeige für den Ministerpräsidenten Otto Grotewohl, der seine kulturpolitischen Vorstellungen mit einem Zitat Friedrich Schillers begründet hatte: »›Würde des Menschen:/Nichts mehr davon, ich bitt' Euch./Zu essen gebt ihnen, zu wohnen./Habt ihr die Blöße bedeckt, gibt sich die Würde von selbst.‹«[44]

Eine dritte Aversion galt der bereits erwähnten »Proletkult«-Tradition der kommunistischen Linken selbst. »Proletkult« war ein Schimpfwort der DDR-Kulturpolitik und wurde besonders in den fünfziger Jahren ebenso denunziatorisch gebraucht wie das Etikett »Trotzkist«. In einer wütenden Kampagne bekämpfte man alle praktischen Versuche, wonach die Arbeiterklasse zu ihrer Emanzipation eine ureigene Sprache, Lebensweise und Ästhetik entwickeln müsse, die sich grundsätzlich von der des Bürgertums zu unterscheiden habe. Das gebetsmühlenartig von allen

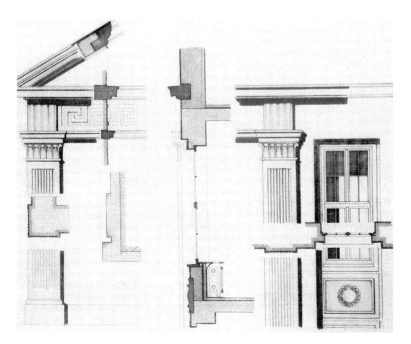

Klassizismus statt Moderne, Detailzeichnung aus dem Projekt für das Kulturhaus in Lauchhammer

Kathedern und Bühnen gepredigte Erbekonzept der SED lief dagegen darauf hinaus, mit Goethe, Schiller und Thomas Mann den Beelzebub Avantgarde auszutreiben, heiße er nun Tatlin, Kafka oder Bauhaus. Was blieb bei solch ausgeprägtem Fundamentalismus schließlich anderes übrig als die Tradition des Realismus und die Architektur des Klassizismus?

»Die ruhmreichen Sieben«.
Kanonische Kulturhäuser in Unterwellenborn, Rüdersdorf, Murchin, Seelow, Suhl, Lauchhammer und Rathenow

Neben den frühen, bautypologisch uneinheitlichen und stilistisch heterogenen Kulturhäusern entstanden in einzelnen Fällen die bekannten »Kulturtempel«, deren Typologie in den Meisterwerkstätten der Bauakademie in systematischer Forschungsarbeit entwickelt worden war. Sie waren von vornherein auf eine bedeutsame und repräsentative Erscheinung hin entworfen worden und sollten das Kulturhaus als »Geschenk des Sozialismus« an die Werktätigen wirkungsvoll ins Bild rücken: Es kam darauf an, daß sich das Gebäude »dem Gedächtnis einprägt und schon beim ersten Anblick aus der Ferne sofort als Kulturhaus erkennen läßt«.[45]

Diese Wirkung erreichte man, indem man die Topographie nutzte, so in Rüdersdorf oder in Unterwellenborn, wo das Kulturhaus in exponierter Hanglage steht, oder durch städtebauliche Inszenierung des Gebäudes »als bestes Haus im Orte« wie in Mestlin oder Suhl. Wenn es der Bauplatz erlaubte, waren die Kulturhäuser in parkähnlich gestaltete Freiräume eingebettet oder die Schauseite mit Vorplätzen und Freitreppen so verbunden, daß sie den Näherkommenden mit einer weit ausholenden Geste willkommen hieß. Durch die Verlagerung der Säle in den ersten Stock ergab sich insbesondere in kleineren Ortschaften wie in Plessa oder Halsbrücke, daß das Gebäude alle anderen Häuser des Orts überragte. Andererseits ließ sich die gewünschte Dominanz auch bei niedriger gehaltenen Bauten durch die Dimension der beanspruchten Fläche erreichen. Besonders raumgreifende Anlagen in Parks, Unterwellenborn und Chemnitz-Siegmar sind hier zu nennen, spielten mit dem Image barocker Schloßanlagen.

Angelehnt an sowjetische Vorbilder der dreißiger Jahre, wurden an der Bauakademie Typenprojekte für drei verschiedene Saalgrößen entwickelt, die jeweils 300, 500 und 800 Plätze haben sollten. Im Unterschied zu reinen Theaterbauten waren diese Säle im Prinzip auf wechselnde Bestuhlungs- und Nutzungsmöglichkeiten orientiert. Darüber hinaus zeichnete sich ein Kulturhaus durch ein ausgesprochen reiches Angebot an verschiedenen Funktionsräumen aus, die in den pyramidal komponierten Baukörper hierarchisch eingeschrieben waren. Für diese drei der Ortsgröße und dem Einzugsbereich angemessenen Varianten wurden zwei grundlegende Schemata festgelegt. Das eine sah die Integration aller Funktionen in einen kompakten, längskubischen Baukörper vor, der je nach städtebaulicher Stellung an der Längs- oder an der Schmalseite durch einen Schaugiebel mit Pfeilern oder zumindest durch Risalitbildung betont und, wenn nur irgend möglich, axialsymmetrisch erschlossen wurde. Eine Alternative dazu stellte das Prinzip der aufgelockerten, horizontal betonten Flügelanlage dar, die den bevorzugt in der Mittelachse gelegenen Saalbau noch durch weitere Bauteile raumgreifend ergänzte. Idealerweise präsentierte sich dieser Flügel- oder »Flugzeug«-Typ streng symmetrisch wie in Unterwellenborn, konnte aber auch blockbildend oder freiräumlich aufgelockert variiert werden, wenn das Kulturhaus im Ort stand, wie beispielsweise in Ilsenburg.

In der Gliederung der Baumassen und der Funktionsgruppen dominierte grundsätzlich der Saal. Charakteristisch war das aufwendige axialsymmetrische Erschließungssystem mit großzügig gestalteten Foyers. Da diese Typenentwürfe lediglich als Planungsgrundlage an die Bauherren übermittelt wurden, kam es vor Ort zu einem

45 Josef Kaiser, Die Methode des sozialistischen Realismus in der Architektur am Beispiel eines Typenentwurfs für ein Kulturhaus mit 300 Saalplätzen, unveröff. Manuskript, Deutsche Bauakademie Berlin, o.J., Bundesarchiv, Nr. IV/A/57.
46 Kurt Liebknecht, Im Kampf um eine neue Architektur, in: Neues Deutschland, 7.4.1951, S. 6.
47 Kritische Analyse des Architekturschaffens der DDR. Teilthema: Analyse von Kulturhäusern, unveröff. Manuskript, Deutsche Bauakademie Berlin, o.J., Bundesarchiv, Nr. IV/A/57.
48 Vgl. David Koigen, Die Kultur der Demokratie. Die Idee des volkstümlichen Humanismus, Weimar 1912.

großen Variantenreichtum. Äußerlich sieht man den Kulturhäusern daher nur ausnahmsweise an, daß sie nach Typenplänen errichtet wurden. Allerdings war der architektonische Formenkanon nicht unbegrenzt. Was die klassischen Kulturhäuser der fünfziger Jahre besonders auszeichnet, ist die teils funktional, teils symbolisch begründete Verwendung von historisierenden Portiken. Durch Säulen, zumindest aber durch Blendpfeiler gestützt, tritt an den meisten der Kulturhäuser ein Portikus mit Tympanon auf, der die härteren Attikalösungen der früheren Häuser ablöst. Man verteidigte diesen Rückgriff auf traditionelle Architektursprachen damit, daß »Säulen, Vorhallen schöne […] Mittel sind, Festlichkeit, Freude und Repräsentation auszudrücken, deren wir auf Grund unserer neuen Gesellschaftsordnung mehr bedürfen als je zuvor.«[46]

> [In] ihrer Bedeutung als Symbol des Wohlstandes, der Kultur und der Schönheit kommt ihr ästhetischer Wert klar zum Ausdruck. […] Die Verwendung wird so zur Schaffung des richtigen architektonisch-künstlerischen Bildes des Kulturhauses hervorragend beitragen […]. Die Säule ist wieder bestrebt, von ihrer Würde zu sprechen.
> Der Wunsch der Werktätigen ist völlig natürlich, daß das Gebäude des Kulturhauses das beste Bauwerk im Orte ist, daß es in seiner Architektur würdig das Wachstum ihres Wohlstandes und ihrer Kultur spiegelt.[47]

Man findet an den Häusern ausschließlich Lochfassaden in klassisch rhythmisierter oder gar weitgehend gleicher Achsenteilung vor. Symmetrie ist auch hier das bevorzugte Ordnungsprinzip. Die Proportionen sind sehr ausgewogen, die Farbgebung variiert zwischen Weiß wie in Rüdersdorf oder vorzugsweise warmen, »barocken« Tönen.

Waren die Kulturhäuser auf starke Außenwirkung bedacht, so sollte in den Innenräumen durch weiträumige Foyers und durch handwerkliche Gediegenheit der Bauausführung der repräsentative Charakter verstärkt werden. Besonders die Innenausstattung mit Lampen, Saaleinbauten, Möbeln und Raumtextilien war von ausgesuchter Qualität und betonte gemeinsam mit der fein abgestimmten Farbigkeit der Räume die Exklusivität des Ambientes. Die Schachspielräume, Lesesäle, Klubräume hatten die schwere Behäbigkeit von Herrenzimmern, während Foyers und Cafés den Salons der Ufa-Traumfabriken glichen. Schließlich sollte mit der Architektur der Kulturhäuser der fünfziger Jahre auch der Beweis erbracht werden, im Sozialismus vollziehe sich tatsächlich die Aufhebung bürgerlicher Wertvorstellungen und Ideale in den Alltag der kleinen Leute.[48]

Zu der bemühten Großbürgerlichkeit der Innenarchitektur steht allerdings die bildkünstlerische Ausschmückung der Kulturhäuser mit Wandbildern, Mosaiken, Tapisserien und Kleinplastik in völligem Gegensatz. Motivisch wie stilistisch findet sich hier das ganze Repertoire populärer Kunst. Folkloremotive stehen neben Genreszenen und Agitprop-Themen.

Die bildende Kunst am Bau hatte mehrere Funktionen. Im Idealfall war sie Bestandteil des Baus und übernahm die Funktion von architektonischen Details und Binnengliederungen, wie dies etwa die antikisierenden Mosaiken auf den Kartuschen über den Türen des Haupteinganges in Unterwellenborn tun. Neben hellenistischen Reminiszenzen findet man sehr häufig aktualisierte Anklänge an bukolische Themen der römischen Antike, Ährenkränze, Rankwerk mit Emblemen wie Zirkeln, Sicheln, Getrieberädern, Pflügen, Harfen oder Reagenzgläsern. Masken symbolisieren die Musen, Tauben werden als Friedensmetaphern verwandt. Bezeichnend ist, daß vor allem die augustianische Antike zitiert wird. An die Stelle des Herrscherbildnisses als zentraler Personifikation der Staatsordnung treten nun berufsständische Allegorien, Arbeiter, Bäuerin, Künstler und Wissenschaftler, oder junge Menschen als typisierte Vertreter verschiedener Völker oder Rassen. Ein besonders eindrucksvolles Beispiel für die vielerorts anzutreffende Umdeutung pompeianischer Profanarchitektur bietet die Ausgestaltung des Kulturhauses in Murchin, die zum Teil noch erhalten ist. Im Gaststättenteil hatten die Maler Herbert Wegehaupt, Otto Manigk, Manfred Kandt und Kurt Schewe 1954 in Schinkelscher Manier folkloristische Ornamente zur Ausgestaltung der Wände und Decken verwendet. An ein Eichenholzpaneel schloß sich ein Ornamentband mit geometrisch vereinfachten Stickereimotiven an, über dem auf beigem Grund scherenschnittartige Genreszenen zu sehen waren. Sie stellten Figurengruppen deutscher und ungarischer Bauern dar und waren auch in der Farbigkeit, Rot und Grün auf hellem Grund, auf die ungarischen Nationalfarben und damit auf das Thema der Freundschaft zwischen beiden Völkern bezogen.

Während sich in Murchin die Wandmalerei im Sinne des in den Kulturhäusern angestrebten Gesamtkunstwerks vollständig der Architektur unterordnete, überlebte in anderen Kulturhäusern auch das autonome Wandbild. Es erzählt wie die »Armenbibeln« der Frühaufklärung in geringer Variationsbreite immer die gleiche große Geschichte von einem Volk aller arbeitenden Stände, das für sich selber baut. Heimatliebe, Volkssolidarität und Völkerfreundschaft sind die übergreifenden Themen, die sich auch in den bevorzugten Namen der Kulturhäuser widerspiegeln. Überdurchschnittlich viele trugen Bezeichnungen wie »Freundschaft«, »Einheit« und »Frieden«, auch »Deutschland« kommt gelegentlich vor. Darüber hinaus bezogen sie sich natürlich auf Namenspatrone, die für Traditions- und Wertvorstellungen standen: Thomas Müntzer, Karl Marx, August Bebel, Franz Mehring, Wilhelm Pieck, Clara Zetkin, Ernst Thälmann, Klement Gottwald sind ebenso häufig vertreten wie Maxim Gorki, Erich Weinert, Martin Andersen Nexö. In einzelnen Fällen findet man auch die Namen von Heinrich Heine, Johann Wolfgang von Goethe, Peter Tschaikowski, Joliot-Curie, Johannes R. Becher über den Eingangsportalen der Häuser – mit einer Ausnahme keine Frauen: Der Name Jenny Marx blieb Kinderheimen vorbehalten.

In der Sonne lagen wir am Meer
Und die Jahre zogen vor uns her,
Und wir sahen in die Zeit hinein,
Alle Zeiten schienen eins zu sein,
Und es war nur eine große Zeit,
Seit der Mensch erstand aus Nichtigkeit,
Herrschte Nichtsein auch als Urgewalt,
Widerstand der Mensch ihm – als Gestalt ...
In der Sonne lagen wir am Meer,
Und die Zeit schien wüst und leer,
Und das Nichts brach drohend auf uns ein –
Wir erhoben uns, Gestalt zu sein.

Johannes R. Becher

**Gebäude und Gedicht.
Das Kulturhaus der Maxhütte in Unterwellenborn**

Merkwürdig ist, daß nur wenige der mit hohem Aufwand gebauten Häuser damals überhaupt publiziert wurden. In Propagandabroschüren und auf Plakaten tauchen lediglich Murchin, Chemnitz-Siegmar, Heringsdorf und Unterwellenborn auf. Diese Selbstverleugnung weist überdeutlich auf die Unzufriedenheit mit der Gestalt vieler im Lande entstehender Kulturhäuser hin. Am liebsten hätte man sie wie »minderwertige« Opern oder wie Theaterstücke vom Spielplan gestrichen. Der ungarische Volksbildungsminister brachte die nicht allein in der DDR kursierende Frage nach der dauerhaften Gültigkeit der neuen Architektur auf den Punkt: »Wir sind mit einem bedeutenden Teil unserer Bauten, unserer Häuser unzufrieden. Die Regierung ist unzufrieden, die Partei ist es und auch unser Volk. Wir bauen teuer und häßlich. Wir bauen Schachteln, wir bauen Schlösser [...] Die Fragen der Rentabilität treten gleichzeitig auf. Niemand hat das Gefühl, daß solche Bauten zweckmäßig sind, daß sie ihrer Funktion entsprechen. Und niemand hat das Gefühl, daß sie jene neue Gesellschaft repräsentieren, die unser Volk errichtet.«[49] Das ästhetische Hauptproblem der Bauaufgabe lag offenbar darin, den Sinn des Sozialismus in einer nicht-banalen, vernünftigen und ausgewogenen Form zum Ausdruck zu bringen. In den damals von Georg Lukács nachhaltig

49 Jòsef Revái, Fragen der Architektur, in: Aufbau. Kulturpolitische Monatsschrift 8 (1952), H. 2, S. 103.
50 Johannes R. Becher, »Memento«, in: ders., Der Aufstand im Menschen, a.a.O., S. 246.

beeinflußten Vorstellungen linker Intellektueller hatte der Kampf der Arbeiterbewegung kein eng ökonomisches oder machtpolitisches, sondern ein universell kulturelles Ziel. Sie vertrete welthistorisch den, wie es Lukács formulierte, »Kampf für die Integrität des Menschen, gegen jeden Schein und jede Erscheinungsweise der Deformation«. So verbirgt sich hinter der vehement geführten Architekturdebatte um die Kulturhäuser letztlich der Anspruch, unmittelbar über ein kulturelles Projekt Einfluß auf die Verkehrsformen der Menschen zu nehmen und die Rechtschaffenheit ihres Handelns ästhetisch erlebbar zu machen. Es ging um die Einheit von Zweckmäßigkeit in diesem höheren Sinne, um Angemessenheit und Schönheit. Bechers Wort von der widerständigen Gestaltwerdung angesichts des drohenden Nichts steht als Metapher für ein überaus komplexes kulturelles Programm. Mit dem Pathos des lyrischen Bilds bezieht er sich in dem oben zitierten Gedicht auf die Strategie des Humanismus, den gottgleichen, im Einklang mit der Weltgeschichte handelnden, selbstbewußt erhobenen und ganz entfalteten Menschen in den Mittelpunkt der Welt zu setzen. Von dieser Idee legen die organisch geschlossenen Baukörper, die Symmetrien, die Säulen, die reich ausgebreiteten Ornamente und die Erinnerung an die Tempel als Wohnungen der Götter Zeugnis ab. »Man muß den Menschen einen Halt geben«: In Bechers Gedicht wird das Subjekt durchaus in der Bedrängnis einer Urgewalt und ungerichteten Zeitlosigkeit auf die Probe seiner Handlungsfähigkeit gestellt. Die Kulturhäuser bilden mit den Mitteln der Architektur symbolisch ab, was in der lyrischen Metapher behauptet wird: »Wir erhoben uns, Gestalt zu sein!« In seinem Tagebuch notierte Becher: »Wir wollen Raum gewinnen im Raumlosen, wir wollen auch eine Zeit erkennen im Zeitlosen. Indem wir ins Unbegrenzte uns erheben und aus dem Grenzenlosen wieder zurückkehren, werden wir unserer Grenzen bewußt und werden angeregt, innerhalb unserer Grenzen den Sinn unseres Daseins zu verwirklichen.«[50]

Wie dieser Gedanke mit einem Bauwerk korrespondiert, soll am Beispiel des Kulturhauses der Maxhütte in Unterwellenborn untersucht werden. Das Gebäude wurde vom ersten Vorentwurf über mehrere Varianten bis zum letzten Ausführungsdetail in der Meisterwerkstatt Hanns Hopps an der Bauakademie entwickelt. Am Ende waren sich alle Beteiligten darüber einig, hier die Ideallösung für ein harmonisch in die Landschaft eingebettetes Kulturhaus gefunden zu haben. Die Wahl des Bauplatzes war auf einen sanft ansteigenden Hügel in einem von bewaldeten Höhenrücken gebildeten Tal gefallen. Das einem großen Stahlwerk zugeordnete Kulturhaus lag, nach Westen gerichtet, annähernd im Schnittpunkt zwischen zwei Dörfern und den flankierenden Siedlungsgebieten der Kleinstadt. Es war von allen Seiten und Verkehrsstraßen weithin sichtbar. Nachdem drei Vorentwürfe hinsichtlich der Fernwirkung und der landschaftlichen Einfügung nicht befriedigt hatten, wurde fast zwangsläufig eine raumgreifende, barocke Bebauungskonzeption gewählt. In sie konnten nicht allein die Funktionsräume eingeschrieben werden, sondern ihre Hierarchisierung trug gleichzeitig von innen nach außen sinnvoll zur Entwicklung der Silhouette bei. Jedes Wort der Beschreibung durch den Entwurfsverantwortlichen, Josef Kaiser, spiegelt die räumliche Umsetzung von Wertvorstellungen wider, wie sie im Gedicht des Kulturministers Becher Ausdruck gefunden hatten: »Das Gebäude lagert breit auf der Erde, strebt aber zur Höhe, wobei die niedrigeren Gebäudeteile den Maßstab des Gesamtkomplexes steigern. Die Flügel des Gebäudes strecken sich nach allen vier Richtungen in die Landschaft und wenden sich mit ihren Giebeln den aus weitem Umkreis herströmenden Menschen zu, einem Motiv, das sich am Haupteingang, der einzigen Stelle, wo der zentrale Hauptkörper heraustritt, mittels des Portikus zum festlichen Empfang steigert.« Der Architekt begründet seine Gestaltlösung mit wahrnehmungspsychologischen und semantischen Überlegungen. Etwas bemüht erscheint auf den ersten Blick allerdings die Er-

Josef Kaiser, Entwurfszeichnung, Westansicht des Kulturhauses der Maxhütte in Unterwellenborn, 1952

Grundriß Erdgeschoß

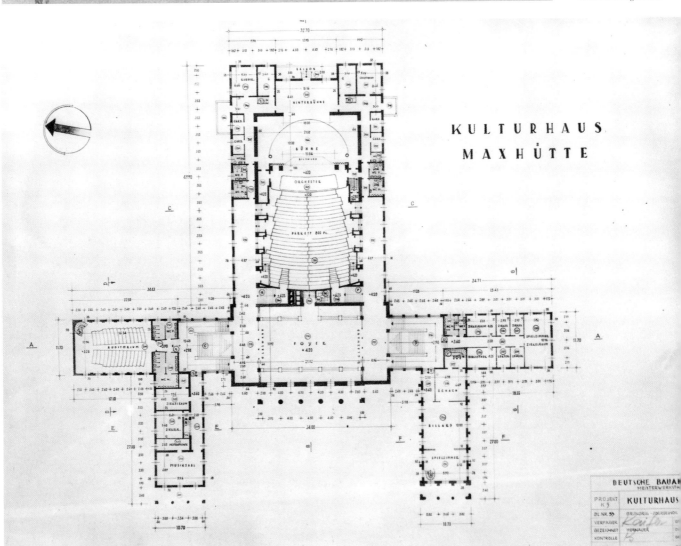

klärung der Fassadengestaltung: »Der Eigenart unserer durch Schnelligkeit, Weite und systematisches Denken gekennzeichneten Zeit entsprechend, ist die Metrik der einzelnen Fassaden gleichmäßig und ohne unterschiedliche Rhythmik in der Achsenteilung. [...] Der Rhythmus entsteht erst im Zusammenklang mit den anderen Gebäudeteilen.«[51] Hier verläßt die Argumentation die Ebene der funktional-sachlichen Begründung, etwa von unterschiedlichen Beleuchtungsbedürfnissen der innen liegenden Raumgruppen, und führt zu einer künstlerisch begründeten Vorgehensweise. Josef Kaiser interpretiert in der Fassadengestaltung Zeit als rasch und kontinuierlich in identischen Sequenzen fortlaufend und gleichzeitig in Monaden begrenzt. Die ausgewogen proportionierte Rastergliederung symbolisiert in seiner Anschauung den Anspruch auf systematisches Denken, während in der gegen unendlich fortsetzbaren Achsenfolge eine Metapher für Weite und Universalität verborgen ist. So wird der Bauplatz des raumgreifenden Kulturhauses in seinem Naturbezug zu einem Stück Weltlandschaft, zur Paraphrase auf Raum und Zeit.

Es ist mehr als nur ein Zufall der Geschichte, daß hier in den Thüringer Bergen mit Josef Kaiser ein Schüler jener Architektengeneration, die zu Beginn des Jahrhunderts, beeinflußt von Friedrich Nietzsche, von idealen Tempelbauten einer kultischen neuen Gemeinschaft phantasiert hatte, jenes »Walhalla« errichtete. Kaiser war Mitarbeiter von Otto Kohtz gewesen, der bereits 1909 von einer zukünftigen Zeit geträumt hatte, »wo der Mensch die Macht hat, nicht nur Schlösser und Gärten zu bauen, wie in Versailles, sondern mit den Bergen zu spielen, wie das Kind mit dem Sand. Kunstwerke zu schaffen hoch wie das Himalaya, geschaffen von der Phantasie, wie ein Kästchen vom Juwelier, durchbrochen gleich Spitzen, den Stein verwendet wie Metall, Wald und Wiesen wie Juwelen, Gletscher wie Perlen und das Wasser wie Kristall.«[52] Nur vor dem Hintergrund dieser alpinen Vision wird die angesichts der opulenten Kulturparkanlage bescheidene Einlassung Kaisers plausibel, »daß jeder kulturelle Neubeginn sparsam beginnen müsse, um die Wege der Weiterentwicklung nicht von vornherein [...] zu verschütten.« Seine Wurzeln als Künstler gründeten in jenen idealistischen Manifesten der Jahrhundertwende. Er war alles andere als ein Sozialist, hatte schon den Pakt mit dem Nationalsozialismus geschlossen, um als Architekt der »Deutschen Arbeitsfront« unter Julius Schulte-Frohlinde eine wahre deutsche Volksarchitektur zu schaffen. In dieser Funktion war es ihm ab und an möglich gewesen, seinen von den Nationalsozialisten geächteten Kollegen Hans Scharoun mit kleinen Planungsaufträgen über Wasser zu halten. Wenn man sieht, wie diese Kreise sich schließen, wird deutlich, daß nicht allein die politischen Parteien die Architekten für ihre Zwecke benutzten, sondern das Gegenteil gleichfalls zutrifft.

Im Innern des Unterwellenborner Kulturhauses werden die Besucher von einem weiträumigen Vestibül aus über zwei symmetrisch angeordnete, lichterfüllte Treppenhäuser zum Foyer des Saales, den Vortragssälen und Zirkelräumen geleitet. Durch den Wechsel von Schreiten und Steigen, Weiträumigkeit und Geschlossenheit der klassizistischen Raumfolge und durch die elegante Farbgebung vermittelt sich ein Grundgefühl festlicher und zugleich gelöster Heiterkeit. Diese Räume zwingen einem geradezu eine majestätische Haltung auf und wollen Bühne für selbstbewußte Menschen sein. Josef Kaiser war nicht allein Architekt, sondern auch Opernsänger. Er liebte die Inszenierungen Walter Felsensteins an der Komischen Oper und die Magie des Films. Seine Mitarbeiter ermunterte er beständig zu stolzerer Haltung, entspannter Atmung und sicheren Gesten. Als ausgesprochen bürgerlichem Menschen waren ihm die marxistischen Theoreme wesensfremd. Er mußte sehr alt werden, um nach der Wiedervereinigung zu erkennen, worin seiner Meinung nach die wesentliche Qualität des Sozialismus bestanden habe, nämlich in dem ungeheuren Reichtum an Zeit. Zeit war nicht Geld. Alles konnte reifen, was insbesondere der Kunst zu-

51 Josef Kaiser, Das Kulturhaus der Maxhütte in Unterwellenborn, in: Deutsche Architektur (1954), H. 3, S. 102f.
52 Otto Kohtz, Gedanken über die Architektur, Berlin 1909, S. 3f.

gute gekommen sei. Kurz vor seinem Unfalltod im Jahr 1992 bekannte er: »Ich war nie sonderlich am Sozialismus interessiert, aber von heute an werde ich ihn immer verteidigen, wegen der hohen Kultur der Oper, der Zeit, die man für eine Inszenierung aufwandte, und um der Muße der Menschen willen.« Er wußte zu diesem Zeitpunkt bereits, daß seine Bauten »vom Spielplan abgesetzt« werden sollten, das Außenministerium und das Hotel Berolina in Berlin sind abgerissen. Das Kino »Kosmos«, eines der schönsten Bauwerke dieses Jahrhunderts, verstümmelt man durch eine Erweiterung, und das Kulturhaus der Maxhütte wird nicht mehr genutzt und droht zu verfallen.

Welche Nutzung wäre denn für die denkmalgeschützten Räume in dem riesigen Komplex von 70.000 Kubikmeter umbauten Raumes heute auch denkbar? Er enthielt außer dem Festsaal mit 1.200 Plätzen eine Art Betriebsakademie mit Vortragssaal und Bibliothek, ein integriertes Pionierhaus, einen Gymnastiksaal mit Waschräumen, einen Klubteil mit Unterhaltungs-, Spiel-, Billard- und Schachräumen, ein Café und eine »Bierschwemme« mit Küchentrakt sowie Verwaltungs- und Werkstatträume. Heute ist nicht einmal die Verwalterwohnung mehr belegt. Das auf Michael Schroedters Aufnahmen dokumentierte, fein gearbeitete Saalgestühl wurde inzwischen entfernt, um hier Teppiche lagern zu können.

Der respektlose Umgang mit der wertvollen Bestuhlung, den man nicht vorschnell den Wegwerforgien der Nachwendezeit anlasten sollte, stimmt nachdenklich und wirft die Frage auf, ob die wohlgemeinte architektonische Prachtentfaltung je angenommen wurde. Gewiß mögen die Unterwellenborner Stahlwerker hier frohe Feste gefeiert und anregende Vorstellungen erlebt haben. Doch haben sie jemals auch ein Auge für die ausgesuchte Qualität der Ausstattung gehabt? Waren die prächtigen Räume ihrer ureigenen Lebenswelt nicht fremd geblieben? Selbst wenn man das Mehr an gestalterischem Aufwand als Angebot, eben als »Geschenk« empfinden mag, bleibt das

Erzbereitungs- und Sinteranlage der Maxhütte in Unterwellenborn

Plakat, 1952

Problem, ob das aristokratische Gepränge die Arbeiter nicht hinterrücks um die Würde ihres Arbeitsalltags betrog. Die Architekten hatten den Luxus des Weimarer Goethehauses zum Vorbild gewählt, in denen sich ein Ästhet als Dichterfürst zu inszenieren wußte. Dabei wären schon die Räume im Hause Friedrich Schillers in ihrer asketischen Beschränkung auf das schlicht Notwendige und Angenehme eine Alternative gewesen.

Die unübersehbare Neigung, die bürgerliche Gesellschaft um die erlesensten Kostbarkeiten zu beerben, muß noch in einem anderen Kontext betrachtet werden. Die Kulturpolitik der DDR war peinlichst bemüht, die sarkastische Prognose eines dritten deutschen Dichters *in praxi* zu widerlegen. Hinter allem Bemühen um Anmut und gestalterischen Reichtum stand Heinrich Heines Behauptung von der Poesiefeindlichkeit der Kommunisten. In seinem Vorwort zur *Lutetia* sah er die siegreichen Gerechten der Weltgeschichte im Geiste bereits »alle Marmorstatuen der Schönheit zerbrechen [...] und ach! mein Buch der Lieder wird dem Gewürzkrämer dazu dienen Tüten zu drehen, in die er den armen alten Frauen der Zukunft Kaffee und Tabak schütten wird«.[53] Das Vermächtnis jenes Dichters, dessen Gedichte auf den Lippen russischer Offiziere nach Deutschland zurückgekehrt waren, stand wie eine Provokation im Raum.

Auf rauhen Pfaden zu den Sternen. Der Bitterfelder Weg

Als die Häuser in stattlicher Anzahl emporgewachsen waren, begann die Zeit der Analysen. Im Gegensatz zu den enormen Bauinvestitionen und guten Erfolgen in der berufsorientierten Bildungsarbeit vermeldeten die Berichte vor allem ernüchternde Tatsachen: mangelnde Unterstützung durch die Intellektuellen, drastische Etatprobleme (»die Genossen beginnen, sich selbst zu helfen«), häufig unhaltbare Arbeitsüberlastung wegen Unterbesetzung, Mangel an qualifizierten Kräften besonders für die künstlerische Arbeit, leichtsinnige Kaderpolitik (»Die Partei hat überhaupt keine Kontrolle mehr!«), eine unüberschaubare Zahl von Kommissionen, die planlos improvisierten, vor allem im Bereich der Großbaustellen, die Überbetonung von Volkskunst (Mandolinengruppen statt mozarttauglicher Orchester), ja sogar die Verdrängung der Kulturarbeit durch dominant parteipolitische Agitation, so z.B. bei der Reichsbahn.[54]

Insbesondere die als kommunalpolitische Demokratiedebatte deklarierten Wahlvorbereitungen im Jahr 1957 signalisierten die Unzufriedenheit der Bevölkerung über die geringe Ausstrahlung der Kulturhäuser. Das Innenministerium reagierte auf den Mißstand umgehend mit einer Weisung *Betr. Zugänglichmachung der Kulturhäuser, Klubs usw. für die gesamte Bevölkerung. An die örtlichen Räte der Bezirke, Kreise und Gemeinden.*[55] Darin wurde eine »grundlegende Änderung der Arbeit der gewerkschaftlichen Kulturhäuser«, ihre Öffnung für alle Schichten der Bevölkerung und eine Umorientierung auf die Wohngebiete und umliegenden Gemeinden gefordert. Das betraf außer den bislang auf die Trägerbetriebe beschränkten Häusern zusätzlich die FDJ-Einrichtungen, die Klubs der Intelligenz, die MTS-Kulturhäuser, die Häuser der Gesellschaft für Deutsch-Sowjetische Freundschaft, Klubs in Ferienheimen und Sanatorien bis hin zu den »Häusern der Offiziere«. Letztere wurden aus diesem Anlaß bezeichnenderweise in »Häuser der Volksarmee« umbenannt: »Es kommt jetzt darauf an, diese Möglichkeiten zu nutzen, so daß praktisch kein Kulturhaus, Klubraum o.ä. an einem Tag unausgenutzt bleibt. Dazu ist es erforderlich [...], ehrenamtliche Kräfte für die Mitarbeit zu gewinnen. Von den örtlichen Räten muß dafür gesorgt werden, daß jegliche zweckentfremdeten Belegungen von Kulturhäusern und einzelnen Räumen in Kulturhäusern beseitigt werden. Die gastronomische Betreuung in den Kulturhäusern ist den Belangen der kulturellen Arbeit unterzuordnen. Die teilweise noch anzutreffende Praxis, die Räumlichkeiten

---

53 Heinrich Heine, Vorrede zur französischen Ausgabe der *Lutetia*.
54 Zitate aus Berichten an das Büro Ulbricht, Nachlaß Walter Ulbricht, SAPMO IV, B 2/906/23, Bl. 218f.
55 Direktive v. 10.1.1959, SAPMO Dy 30/IV 2/2056 /50, Bl. 175ff.

der Kulturhäuser vorwiegend für Versammlungen, Konferenzen und Tagungen in Anspruch zu nehmen, muß überwunden werden.«

Diese Anweisung erfaßte allein im Bereich der Gewerkschaften über 341 Kultur- und Klubhäuser unterschiedlicher Größe und weitere 162 Einrichtungen der FDJ. Bei weitem nicht alle dieser Häuser wurden neu gebaut, sondern viele in Gutshäusern, älteren Volkshäusern und Stadthallen, in Fabrikantenvillen und Kasinos, ja sogar auf Schiffen eingerichtet. Die Reichsbahn schickte zwei Kulturzüge durchs Land. Die Berichte hatten dazu geführt, daß sich im Zentralkomitee der SED Ernüchterung und Besorgnis ausbreiteten. Die Defizite und der deutliche Handlungsbedarf führten aber zu sehr verschiedenen Lösungsvorschlägen und provozierten heftige Fraktionskämpfe innerhalb der Partei. Während Walter Ulbricht im Verein mit Alexander Abusch sich mit bauernschlauem Pragmatismus profilierte, sah Alfred Kurella, der ehemalige Lebensreformer aus der Generation Heinrich Vogelers, endlich seine große Chance gekommen, das dichte Netz der Kulturhäuser zum Instrument für die Verwirklichung des Traumes vom »Neuen Menschen« zu machen. Als Leiter der Kulturkommission beim Politbüro ließ er exakte Übersichten über alle existierenden Kulturhäuser anfertigen: »Alfred Kurella dachte häufig und öffentlich über die Beseitigung der entfremdeten Arbeit nach und vertrat die von uns anderen als utopisch angesehene Meinung, der Mensch der vollendeten sozialistischen Gesellschaft sei auch musisch ein vielseitiger Mensch mit verschiedenen Kenntnissen und Fähigkeiten, von denen wir heute noch keine Ahnung hätten. Da er über mehr Freizeit verfüge, welche die Technik ihm verschaffe, würde er erst dann im eigentlichen humanistischen Sinn von der Arbeit befreit sein und die Freiheit nutzen, sich zu verwirklichen. Ich hielt damals Kurella für einen übriggebliebenen Narodnik, der mit romantischen Utopien spielte [...].«[56] Hans Bentzien, von dem diese Kurzcharakteristik stammt, hingegen vertrat in den kulturpolitischen Debatten eine dritte Richtung. Als Repräsentant der ersten FDJ-Generation hatte er eine solide Hochschulbildung erfahren, war Schüler des Vaters der DDR-Kybernetik, Georg Klaus, und des Literaturwissenschaftlers Hans Mayer gewesen. Offensichtlich hatte ihn die Selbsthelfermentalität der Nachkriegszeit stark geprägt. Als Absolvent der Moskauer Parteihochschule hatte er an der Seite Alexander Dubčeks 1956 mit großem Entsetzen Chruschtschows »Geheimrede« über die Verbrechen des Stalinismus aufgenommen. Seit 1961 Kulturminister und Schutzengel für Filmemacher, kritische Schriftsteller und Schauspieler, sollte er im Parteiapparat das bißchen »Prager Frühling«, das sich die DDR in den sechziger Jahren leistete, verkörpern.

Hans Bentzien hatte nach seiner Rückkehr aus Moskau im Chemiebezirk Halle als kulturpolitischer Mitarbeiter des alten Spartakisten Wilhelm Koenen »allerhand Neues« begonnen: »In Halle brodelte es.« Heiner und Inge Müllers Stücke *Der Lohndrücker* und *Die Korrektur* brachten in einer neuen, sachlichen Sprache die wichtigen Fragen der Zeit auf die Bühne. Die poetischen Bilder des Heizers Albert Ebert setzten Zeichen für eine intime, persönliche Sicht auf den Alltag. Bentzien hatte die Jugendbrigade »Nikolai Mamai« vom Elektrochemischen Kombinat Bitterfeld zu einem öffentlichen Aufruf ermutigen können. »Die jungen Arbeiter an den giftverbreitenden Öfen, aus dem Krieg oder der Gefangenschaft gekommen, hatten ohne Berufsausbildung die schwere Arbeit aufgenommen. Ihre Arbeit war rauh, die Kneipe ihr Feierabend, ihr Leben ziemlich öde, und von dieser Brigade ging ein Ruf aus, der von erheblicher Bedeutung für das ganze Land wurde. Der Brigadier war ein Mann der früheren Waffen-SS, Bernhard Büchner, klug, aber ständig von seiner Vergangenheit gedrückt. Mit ihm sprach ich mich gründlich aus. Niemand war klar, welche Folgen der Aufruf haben würde.« Unter dem Motto »Auf sozialistische Art arbeiten, lernen und leben!« hatte die Brigade sich zum Ziel gesetzt, um den Titel »Brigade der sozialistischen Arbeit« zu

Rechte Seite:

Links oben: Kulturstätte Gröditz, um 1957

Links mitte: Jürgen Brückner, Kulturhaus Herpf, 1965-1966

Links unten: Franz Ollerts, Gerd Widder, Heinz Fienold, Kreiskulturhaus Heiligenstadt, 1960-1964

Rechts: Dietrich Wöllner, Kreiskulturhaus »Volkshaus« Oelsnitz, Umbau eines älteren Saalbaus, 1966-1967

56 Hans Bentzien, a.a.O., S. 164f.

kämpfen. Auf den Hilferuf der Arbeiter, die ausführlich die tägliche Misere ihres Daseins geschildert hatten, folgte ein Hilfsangebot eines Tenors, der die Chemiearbeiter ans Dessauer Theater einlud. Weitere Patenschaften wurden organisiert. Maler, Fotografen und Journalisten gingen in die Betriebe und gründeten Laienzirkel, künstlerische Einrichtungen richteten Patenschaften ein, die Gemeinden bildeten Dorfklubs, meistens um Gaststätten, die mit Sälen versehen waren. Handwerker kümmerten sich um Instandsetzungsarbeiten. Auf diesem Konzept sollte Bentzien später als Kulturminister aufbauen, als er die Mitarbeiter des Instituts für Kulturbauten beauftragte, in erster Linie Hilfe zur Selbsthilfe zu leisten und über Land zu fahren, um potentielle Bauherren fachmännisch bei der Auswahl brachliegender Gebäude für Klubausbauten zu beraten.

Als Reaktion auf den Aufruf der »Mamais« lud Fritz Bressau, der Leiter des Mitteldeutschen Verlags, eine Autorenversammlung ein, um seine Autoren zur Mitarbeit an dem Netzwerk zu gewinnen. Zu diesen gehörte auch Otto Gotsche, einst proletarisch-revolutionärer Schriftsteller aus dem Mansfeldischen und nun Walter Ulbrichts Sekretär, der diesem die Sache zutrug. Augenblicklich kam ein Anruf aus Berlin, die Verlagsversammlung zu einer allgemeinen Kulturkonferenz des Zentralkomitees im Bitterfelder Kulturpalast aufzuwerten: »Fritz war es angst geworden, er suchte Beistand. Ich rief sofort Alfred Kurella, der die Kulturkommission leitete, in Berlin an, der bestätigte, daß Ulbricht ihm gesagt habe, er solle die Konferenz in die Hand nehmen. Eine Losung gäbe es schon: ›Greif zur Feder, Kumpel!‹ Sie sei von Werner Bräunig, der in der Wismut arbeite. Näheres in Kürze, der Termin stünde auch schon fest, der 24. April.« So wurde in der DDR Kulturpolitik gemacht. Ehe das zarte Pflänzchen des Hallenser Selbsthilfewerks noch seine Knospen entfalten konnte, stürzten sich die Parteioberen darauf, um es sich ans Revers zu stecken. Bei der Konferenz wurden Kurellas hochfliegende Vorstellungen deutlich: Alle werden Künstler ihrer Selbstverwirklichung! Walter Ulbricht, der das Schlußwort hielt, spitzte die Kampagne seinerseits zu, indem er von den Schriftstellern verlangte, ihre Lebensweise zu verändern und von den Schreibtischen an die Basis der Produktion zu ziehen. Die Arbeiter selbst würden nunmehr die Höhen der sozialistischen Nationalkultur erstürmen. Was wie eine kleine Vorwegnahme der chinesischen »Kulturrevolution« anmutet,[57] war aus der Berechnung erwachsen, die Intellektuellen endlich zur Hilfeleistung an der kulturellen Peripherie zu verpflichten. Die Mehrzahl der Künstler kränkte die damit verbundene Geringschätzung ihrer Arbeit, und sie verweigerten sich mehr oder weniger dem Kommando. Dennoch wurde die Konferenz ein im Hinblick auf vorhergegangene Kampagnen vergleichsweise großer Erfolg. Der »bittere Feldweg«, wie bereits in den Konferenzpausen gespöttelt wurde, verdankte seine merkwürdige Ambivalenz eben den verschiedenen Strategien seiner drei geistigen Urheber. Verkörperte Ulbricht den Typ des Politkommissars in Verfolgung intellektueller »Abweichler«, so war Kurella eher der Träumer vom Monte Veritá,[58] der allerlei romantische Energien auf das Projekt zu lenken wußte. Hans Bentziens Ausstrahlung dagegen ist der große Zuspruch zu verdanken, den das Projekt besonders bei seinen Generationsgefährten, den jungen Künstlern und Intellektuellen der ersten Nachkriegsgeneration, fand. Sie, die als Kinder und Jugendliche im Schatten heroischer Überväter – erst Feldmarschall Rommel, dann die Überlebenden der Konzentrationslager – aufgewachsen waren, warfen sich nun der Arbeiterklasse in die Arme, um sich aus ihren autoritären »Kindheitsmustern« zu befreien und damit ihren Wunsch nach einer eigenen Revolution zu befriedigen. Aber ihre Helden, die sie in ihrem Alltag kennen und verstehen lernten, waren aus Fleisch und Blut, tapfere, leidende und einsame Kreaturen, die aggressiv nach den Künstlern ausschlugen, wenn sie sich wie Insekten beobachtet fühlten:

> Ich war als lernbegierige Schülerin zu den Arbeitern gegangen – zu einer Klasse von Heroen. Ich fand das Heldentum, das ich erwartet hatte, in ihrer Arbeit, in den acht Stunden oder mehr auf dem Gelände. Allmählich merkte ich aber, daß viele nicht über ihre Lohntüte hinausblickten, daß es Streit wegen der Prämien gab, daß Solidaritätsmarken gedankenlos geklebt wurden (als sei die echte Beziehung zur internationalen Solidarität verschüttet), daß Tüftler, von denen ich glaubte, sie opferten ihre Abende um der Sache willen, in Wahrheit auf materiellen Gewinn spekulierten, daß auf Versammlungen anders geredet wurde als unter vier Augen, und – was mich am meisten befremdete – daß die Wünsche und Ziele sich bei vielen in der Ansammlung von unerläßlichen Requisiten eines gehobenen Lebensstandards erschöpften.[59]

Für viele Künstler wurde mit dem Bitterfelder Weg ein Tor aufgestoßen, das ihre »Ankunft im Alltag« bedeutete. Die Entideologisierung begann, der positive Held ging verloren, und im Politbüro schrie man getroffen auf: »So sind unsere Menschen nicht!« Die Brigaden aber begannen, Kunstausstellungen zu besuchen. Schriftsteller wurden bei Lesungen in Hoyerswerda oder Genthin von einem unerhofft kompetenten Publikum empfangen. Aus dieser Begegnung wiederum wuchs über die Jahre eine Kunst, in deren besten Leistungen die Bürger des Landes die Abgründe ihres Daseins erkannten und die ihnen zur Lebenshilfe gereichte. Mit Bitterfeld begann das, was man im letzten Jahr der DDR schließlich »Dialog« nennen sollte.

---

57 Ulbricht hatte 1958 das Programm der sozialistischen Kulturrevolution verkündet. Ausführlicher zur Entwicklung der Kulturpolitik bei Horst Groschopp, a.a.O., S. 151ff.
58 Mit dem Begriff jener Künstlerkolonie bei Ascona verbindet sich das breite Spektrum der Alternativkultur der »Lebensreformer«, zu denen Kurella gehört hatte, vgl. Monte Veritá. Berg der Wahrheit, Mailand 1980.
59 Brigitte Reimann am 8.12.1962 im Neuen Deutschland, zit. nach Brigitte Reimann in ihren Briefen, a.a.O., S. 137.

Mythen, Rituale und Passionen.
Zur kulturellen Praxis in den Kulturhäusern

Um zu verstehen, was sich durch den Bitterfelder Weg unterschwellig veränderte, muß man sich zunächst die kulturelle Praxis der Kulturhäuser in den fünfziger Jahren verdeutlichen. In den ersten Jahren der DDR überwogen Kulturhausgründungen unter der Hoheit von Schwerpunktbetrieben der Industrie, bei den kollektivierten Musterbetrieben der Landwirtschaft oder auch bei besonderen Institutionen und Organisationen. Sie waren dezentral den Produktionsstätten angegliedert und blieben als privilegiertes betriebliches Sonderterritorium häufig beneidetes Reservat für Betriebsangehörige. Eine regional bestimmende Rolle besaßen sie nur in Gebieten, die vom jeweiligen Industriezweig dominiert wurden. Diese enge Bindung an die Betriebe hatte ihre Basis in der Tradition der russischen Arbeiterklubs, deren wesentliche Zielsetzung die Transformation der ländlichen Arbeitskräfte zu einer qualifizierten und engagierten proletarischen Elite gewesen war. »Produktionspropaganda«, Neuererwesen und berufsorientierte Kulturarbeit standen obenan auf der Agenda der Betriebskulturhäuser. Arbeiterkabaretts nahmen Probleme der Leitungsarbeit und Arbeitsmoral satirisch unter die Lupe, während der Kumpel an der Kamera sich reportagehaft mit Schlendrian, Demagogie und Mißständen auseinanderzusetzen versuchte. In Leistungsvergleichen versuchten die Klubhausleiter, entsprechend der sowjetischen Fachliteratur unmittelbare Auswirkungen ihrer Arbeit auf die Produktion der Betriebe qualitativ und statistisch nachzuweisen.

Neben der Arbeit der Betriebsakademien, die beachtliche Bildungseffekte zeitigte, überwog in den Kulturhäusern eine eher konservative Arbeit in den künstlerischen Zirkeln der verschiedensten Genres. Die Theater-, Rezitatoren-, Tanz- und Musikgruppen probten in der Regel unabhängig voneinander und stellten Repertoireverzeichnisse auf, aus deren Angeboten schließlich verschiedene Unterhaltungs- und Festprogramme zusammengestellt wurden. Neben Betriebsfesten einzelner Bereiche waren in der Reihenfolge des Jahres einige Termine als regelmäßig begangene Höhepunkte des Kulturlebens fest eingeplant, so die Frauentagsfeiern am 8. März, die Jugendweihen und der Kindertag im Frühjahr, der 1. Mai oder auch der 8. Mai, der 7. Oktober und die Weihnachtsfeiern für Kinder und Rentner. Sowohl in der regelmäßigen Wiederkehr als auch im Inhalt trugen sie wesentlich zur Ritualisierung und Mythologisierung der gesellschaftlichen Praxis bei. Die neue Festkultur folgte dem Kalender der marxistischen Geschichtsphilosophie und verklärte die Gegenwart aus einer welthistorischen Perspektive zum Gipfelpunkt alles bisherigen Strebens nach Emanzipation. Die kleinen Monats- oder Jahresprogrammhefte der Kulturhäuser geben Auskunft über den Wertekanon, die Traditionsbildung und über die anrührende Bemühtheit der Akteure. Die Programmgestaltung war nach zentralen Themenstellungen, Gedenktagen und aktuellen Kampagnen fast überall gleich, regionale Unterschiede ergaben sich lediglich aus den lokal jeweils verschiedenen Kooperationen und Kapazitäten. Überraschend weit gefaßt erscheint dagegen der Kulturbegriff, der von Landschaftspflege, Ortsgestaltung, Pädagogik bis hin zur Mode reicht.

Blick in den Saal des Kulturhauses Aue während einer Aufführung, um 1961

Geschmückte Thälmann-Büste im Kulturhaus Aue

Selbst die Werbung der Konsumverkaufsstellen, HO-Läden, Gärtnereien und Handwerksbetriebe war mitunter auf die jeweiligen saisonalen Höhepunkte der Kulturhausarbeit ausgerichtet. In der Regel liefen die selbstproduzierten Kulturveranstaltungen nach einem Schema ab, das sich in Form von Themenblöcken in den Programmen niederschlug: Sozialismus und Traditionen der Arbeiterbewegung (Chöre, Rezitatoren, Tanzgruppen) – Erbe der Weltkultur (Instrumentalsolisten, Kammermusikgruppen, Sänger, Rezitatoren) – Heimat und Frieden (Folkloregruppen, Mundartsprecher) – Lebensfreude und Gemeinschaftsleben (Artisten, Schlagersänger, Tänzer, Unterhaltungsmusik) – Übergang zum geselligen Teil der Veranstaltung mit Tanz, Quizrunden und Tombolas (mit Arbeiten der Kunsthandwerkszirkel als Preisen). Größere Kulturhäuser inszenierten unter Mitwirkung verschiedener Zirkel nach selbstentwickelten Drehbüchern aber auch Weihnachtsmärchen und Revueprogramme. Diese Aufführungen wurden häufig zu mit großer Spannung erwarteten Premierenereignissen, denn im Publikum saßen die Ehegatten, Eltern oder Kollegen der Laienkünstler und drückten die Daumen, daß ja auch jeder Einsatz gelingen möge. Ein gelungenes Programm sicherte den Ensemblemitgliedern neben dem Applaus ihrer Kollegen oft die Teilnahme an verschiedenen Tanzfesten, Leistungsvergleichen und den Arbeiterfestspielen. Man kannte

einander, die Welt war heil und geschlossen. Besonders in den ländlichen Bereichen wurden natürlich auch alle traditionellen Feste wie Erntedank, Kirmes und vor allem der Fasching im Kulturhaus gefeiert. Die Übergänge zu eher politisch begründeten Feiern waren interessanterweise fließend. Bereits der 1. Mai, der Kindertag und die Frauentagsfeiern hatten wegen ihrer hohen Akzeptanz nach kurzer Zeit schon den Charakter von Volksbräuchen angenommen. Gleiches gilt mancherorts auch für die Jugendweihen.

Mit besonders langem Vorlauf und Aufwand wurden Jubiläen der Geschichte der Arbeiterbewegung begangen. Zum 50. Jahrestag der Novemberrevolution etwa waren an der Neptunwerft 5.000 auf vergilbtem, brüchigem Papier gedruckte Flugblätter mit dem faksimilierten Text der ersten Nummer der *Roten Fahne* verteilt worden, in den eine Einladung zu einem wissenschaftlichen Vortrag eingebaut war. In Riesa gestaltete das Ensemble »Joliot-Curie« aus gleichem Anlaß ein Festprogramm mit 24 Nummern und mehreren Tanzbildern, an dem Chor, Orchester, Solisten, Tanzgruppen und Sprecher mitwirkten. Es begann mit der Internationale in großer Besetzung, war durch den Text historischer Pressemeldungen gegliedert, enthielt Lieder des antifaschistischen Widerstan-

Weihnachtsfeier im Kulturhaus Aue mit dem Erzgebirgsensemble

Arbeitertheater Aue, 1961

Festprogramm des Ensembles der Bergarbeiter Aue

des wie »Die Moorsoldaten«, eine tänzerische Inszenierung des Buchenwalddenkmals, die Tänze »Internationale Solidarität«, »Nie wieder Hiroshima« und »Wir rufen Deutschland«. Ähnliche Programme wurden aus Anlaß der Wiederkehr der Pariser Kommune, des Geburtstags wichtiger Persönlichkeiten der Geschichte, zu Ehren des Bauernkriegs und regelmäßig im Gedenken an den 8. Mai 1945 und die Gründung der DDR einstudiert. Gegenüber den später reicheren Angeboten, auch für Zerstreuung, Entspannung und geistig anregenden Gedankenaustausch, war die Arbeit der Kulturhäuser in den fünfziger Jahren insgesamt sehr stark auf die Entwicklung einer neuen Festkultur orientiert.

Neben der ausgeprägten beruflichen und politischen Bildung ging es dabei mehr oder weniger vordergründig um die Etablierung feierlicher und staatsbezogener Riten.

Seltener schon war es einem Klubhaus vergönnt, ganz authentisch eine Sternstunde der Menschheit wie den Start des ersten Sputniks und den Beginn der Raumfahrt am 5. Oktober 1957 mitzuerleben. Rasch wurden nach Bekanntwerden der faszinierenden Nachricht vom Observatorium Kühlungsborn aufgezeichnete Signale des Satelliten beschafft und tontechnisch aufbereitet: »Und dann war es soweit. Gegen 19.00 h füllte sich mehr und mehr unser Festsaal, und wie gewohnt begann unsere Filmvorstellung pünktlich um 19.30 h. Die Türen wurden geschlossen, das Licht ging aus, aber das, was man sonst bei dem regelmäßigen Besuch unserer Filmveranstaltungen gewohnt war, blieb aus. Es öffnete sich zunächst nicht der Vorhang, kein Film wurde eingeblendet, es blieb im Festsaal dunkel. Viele glaubten nun, die Technik habe versagt. Doch wir ließen dem Denken und Überlegen wenig Platz. Wir übertrugen nämlich vom Technikraum aus jene Geräusche des sowjetischen Erdtrabanten [...] in den Festsaal. Dabei wurde der Ton so gesteuert, daß die Funksignale des Sputniks zunächst ganz leise einsetzten, dann aber stärker und lauter wurden. Im Festsaal herrschte atemlose Stille. Jeder vernahm die schon vom Funk her bekannten Töne und Geräusche. Alle hatten den Eindruck: Über uns schwebt der sowjetische Erdsatellit dahin, er kommt immer näher, direkt auf uns zu, und jetzt, ja, jetzt steht er unmittelbar über unserem Klubhaus.«[60] Wie über Bethlehem war über dem Kulturhaus ein Stern erschienen – wie hatte doch Bruno Taut Weihnachten 1918 geschrieben: »[...] und die Sterne der Erde und die des Himmels grüßen sich.«

*Auch die Tänze, die ihr neulich
Wieder in die Welt gesetzt
Sind uns ganz und gar erfreulich
So hat uns ST. Veit gehetzt*

Karl Mickel

»... die Unruhe ist beträchtlich.«
Zur veränderten Choreographie der Gesellschaft nach dem Mauerbau

»Die anderen Kulturfunktionäre gaben groß an mit ihren Kulturplänen – aber meine Brigade hat nicht einmal einen Frühstücksraum, sondern muß mit schwarzen Händen in der Halle essen. Man muß erst mal gewisse ökonomische Voraussetzungen schaffen, ehe man mit dem Kulturkarren anrollt. Na und dann dieser Ärzteball – das gesellschaftliche Ereignis des Jahres. *ND* auf *Constanze* gequält! ›Was trug man? – Schwarzen Samt bis auf die goldenen Schuhspitzen, Wellen von weißem Tüll [...] !‹ etc. Abscheulich. Ich stelle mir vor, wie ein rotes Arbeiterbataillon mit Maschinenpistolen in dem mit weißer Seide behängten Tanzsaal aufmaschiert – unter diese Gesellschaftslöwen, denen wir mit Staubzucker in den Arsch blasen müssen, damit sie die Güte haben, nicht in den Westen abzuhauen [...].«[61] Die Künstler, die wie Brigitte Reimann in die Betriebe der Schwerindustrie gezogen waren, registrierten seismographisch die Stimmungen an der Basis. Das scheinbürgerliche Getue der »besseren Gesellschaft« war den Proleten offensichtlich ebenso verhaßt wie die Phrasendrescherei der Bürokraten. Plötzlich tauchten sie in den Romanen und Filmen auf, die Selbstmörderinnen, Abtreiberinnen, die Trinker und Stinker und die anarchistischen Zimmermänner, die Volkspolizisten übermütig in Karpfenteiche warfen. Auch um nach dem Bau der Mauer dem Dilemma der Provinzialität zu entgehen, begannen die jüngeren Künstler den Riß in der Welt, die Abgründe des menschlichen Daseins nunmehr zu Hause zu suchen und aufzuzeigen. Und in den Mitteln beriefen die Strittmatter, Wolf, Kunert, Braun, Baierl, Müller, Neutsch und Kant sich nun nicht mehr auf Becher, Fürnberg oder Gorki, sondern auf Knut Hamsun, Halldór Laxness, Ernest Hemingway, Bertolt Brecht, Laurence Sterne, Isaak Babel.[62] Ermutigt durch die Renitenz der Arbeiter, fanden die aus der Strafversetzung »in die Produktion« zurückgekehrten jungen Philosophen wie Rainer Kirsch zu einer immer ruppigeren Sprache. Nach dem Bau der Mauer sahen sie keinen Anlaß mehr, länger Rücksicht zu üben. Auf Initiative Stephan Hermlins wurden in der Akademie der Künste öffentlich Gedichte vorgetragen, die von den Verlagen abgelehnt worden waren. Der Bildhauer Fritz Cremer wurde nicht müde, im Künstlerverband immer wieder die Auseinandersetzung mit dem Dogmatismus und dem Personenkult zu suchen.

Der Druck von unten bewirkte, daß nach 1962 viel von Reformen gesprochen wurde. »Auf ZK-Sitzungen schlugen Ulbricht und Honecker eine scharfe Klinge gegen den Bürokratismus, sie forderten eine sorgsame Behandlung der die Bevölkerung, ›die Menschen‹ berührenden Fragen.« Die Nerven lagen offensichtlich bloß, »es brodelte unterirdisch«. Die Lage der Fronten in der Auseinandersetzung um eine grundsätzliche Reform der DDR-Gesellschaft waren unübersichtlich, doch die Reformkräfte behielten zunächst die Oberhand. »Es wurde viel Energie darauf verwendet, die ökonomischen Kräfte, die Elemente des Bildungs- und Kultursystems in selbstregulierende Systeme und diese wiederum in einen Planverbund zu integrieren, [...] wir ließen unserer Phantasie schon freien Lauf, wie das neue System arbeiten sollte. Die Künstlerverbände könnten über ihre Angelegenheiten im Sinne der Gewerkschaften frei entscheiden, der Staat müsse nur eine stärkere Kontrolle über die Gelder ausüben, die Gewerkschaften würden in den Betrieben und Wohngebieten der Arbeiter, die Landwirtschaftsräte in den Dörfern Träger der Kulturarbeit sein. Der Kreisrat hätte koordinierende Funktionen. In den internen Diskussionen darüber ging es von ›vorzeitiger Abbau des Staates‹ bis ›endlich ohne Kommando‹.«[63] Insbesondere auf dem Gebiet der

---

60 Rolf Melzer, Herbert Risse, Das Klubhaus – ein kulturelles Zentrum, Berlin 1959, S. 95.
61 Tagebuchnotiz v. 13.2.1961, Brigitte Reimann in ihren Briefen, a.a.O., S. 99.
62 Vgl. Hans Bentzien (Hg.), In eigener Sache. Briefe von Künstlern und Schriftstellern, Halle 1964.
63 Hans Bentzien, Meine Sekretäre und ich, Berlin 1995.
64 Ministerium für Kultur (Hg.), Die Kulturhäuser zu Volkshäusern entwickeln, Berlin 1963.

Fernsehecke im Klubbereich des Kulturhauses Aue

Rechts: Eingangsgestaltung mit Leistenwand und Schaukästen, Selbsthilfebeispiel

Theatersaal nach dem Umbau, Anregung zur Selbsthilfe *Wir schaffen uns ein Kultur-haus*, um 1963

Volksbildung und Kultur müsse der Staat zuerst seine administrierende Rolle aufgeben und sich jeglicher Einmischung enthalten. Die systemtheoretisch unterfütterten Debatten hatten auch Auswirkungen auf den Kulturhausbau. Das nationalkulturelle Pathos und die konservative Form der Kulturhäuser waren bereits mit dem ideologischen Tauwetter der Chruschtschow-Ära veraltet. In Meinungsumfragen anläßlich von Architekturwettbewerben hieß es bezeichnenderweise: »Bitte, bitte keine Säulen. Wir wollen modern leben!«

Spätestens der Beginn des Sputnikzeitalters setzte technische, industriegesellschaftliche Utopien anstelle der humanistischen Werte des ersten Nachkriegsjahrzehnts. Die klassischen Kulturtempel der fünfziger Jahre hatten sich überdies in der Praxis als fehlkonzipiert erwiesen. Nachdem ein reiches und lebendiges Zirkel- und Klubleben entwickelt war, fehlte es in den riesigen Festspiel- und Aufführungshäusern an Räumen für ungezwungene Formen der Kommunikation. Der Anteil repräsentativer Bereiche am Gesamtvolumen war viel zu hoch, die Auslastung der Säle zu gering. Es fanden zahlreiche Veranstaltungen, Liederabende, Brigadefeiern oder Vorträge, in den Foyers statt, für deren Nutzung es vielerorts lange Anmeldelisten gab. Hatten noch mit dem Aufkommen des Fernsehens die ersten in den Klubräumen aufgestellten Apparate für rege Besucherschaft gesorgt, zog sich das Publikum seit Mitte der sechziger Jahre mehr und mehr in die privaten Wohnzimmer zurück; zum anderen waren die Häuser in den fünfziger Jahren zu stark an die Etats und Selbstdarstellungsbedürfnisse der Betriebe gebunden. Es fehlte weitgehend an Einrichtungen mit kommunaler und Wohngebietsorientierung. Auf diese in zahlreichen Analysen offengelegten Defizite reagierte das Ministerium für Kultur unter Leitung von Hans Bentzien mit einem Programm der Vernetzung bestehender Einrichtungen. Die Initiative stand unter dem programmatischen Motto: »Die Kulturhäuser zu Volkshäusern entwickeln.«[64] Gleichzeitig wurde das mit dem Bau der früheren gewerkschaftlichen Volkshäuser verbundene Prinzip der Selbsthilfe und der Eigeninitiative weiter ausgebaut. Das Institut für Kulturbauten veröffentlichte in einer Broschüre unter dem Titel *Wir bauen uns ein Kultur-*

haus exemplarische Planungen, um Genossenschaften, Bürgermeister und Vereine zum Umbau bestehender Gebäude anzuregen. Mitarbeiter des Instituts wie Wladimir Rubinow und Hans Wever fuhren regelmäßig über Land, spähten geeignete Objekte aus und führten mit potentiellen Bauherren Beratungsgespräche. Schließlich brachten die sechziger Jahre in der DDR mit dem Versuch einer Wirtschafts- und Gesellschaftsreform sogleich heftige Folgeeffekte einer starken technischen Modernisierung. So bildeten sich gerade durch diese umwälzenden Entwicklungen neue kulturelle Bedürfnisse einer inzwischen intellektuell anspruchsvolleren, weitaus gebildeteren, dabei aber durch die Modernisierungsprozesse psychisch wesentlich beanspruchteren Nutzerschaft heraus: »Aufgrund der zunehmenden Arbeitsteilung im Produktionsprozeß ergeben sich [...] unter Umständen gewisse Vereinseitigungstendenzen durch Arbeitstätigkeiten. [...] Eine soziologisch nachgewiesene Tendenz zur Zunahme psychischer Belastungen im Arbeitsprozeß bei einem immer noch hohen Anteil schwerer körperlicher Arbeit, dazu die Notwendigkeit der Erweiterung des Schichtsystems führen zu besonderen Anforderungen an die Möglichkeiten der Erholung und Entspannung.«[65] Unter Bedingungen des auch im Sozialismus gestiegenen Drucks auf die menschliche Arbeitskraft und gleichzeitig gewachsener intellektueller Kompetenz der Werktätigen traten kompensatorische wie emanzipatorische Bedürfnisse in den Vordergrund. Die Einführung der Fünf-Tage-Arbeitswoche im Jahr 1965 und verstärkte Schichtarbeit veränderten den Zeithaushalt der Bevölkerung. Interessante Freizeitgestaltung zu unterschiedlichen Tageszeiten wurde zu einem

Arbeitertheater Gröditz in der Besetzung für das Stück *Franziska Lesser* von Armin Müller

allgemeinen Bedürfnis und zur Herausforderung für die Kulturhäuser und Klubs. Darauf konnten die großen Häuser nicht hinreichend reagieren. Zwar hatte die Bauakademie mit großem Aufwand in den fünfziger Jahren versucht, das Kulturhaus zu dem repräsentativen und originären Bautyp des Sozialismus zu machen, doch waren die Richtlinien und Typenpläne schnell veraltet. Statt der festlich-zeremoniellen Säle mit einseitig rezeptiver Ausrichtung waren verwandelbare Räume für selbstbestimmte Aktivitäten gefragt. Die Bevölkerung forderte die Einrichtung von Klubs. Dieses vehemente Verlangen nach kleineren, exklusiven Einrichtungen war zunächst bei der Parteiführung auf geradezu hysterische Ablehnung gestoßen. Allein das Wort »Klub« hatte nach 1956 den Ruch des Konterrevolutionären: Die Petöfi-Klubs in Ungarn hatte man als die trojanischen Pferde der Reaktion entlarvt. Nun verlangten in der DDR Studenten unter anderem die Einrichtung von Filmklubs, um dort über Werke diskutieren zu können, die offiziell nicht zur Aufführung gelangten. Man habe, so hieß es im Politbüro beunruhigt, schon Kontake zu polnischen Filmklubs aufgebaut (»Hört, hört!«). Klub, das assoziierte natürlich auch Jazz und lebhafte Verbindungen zur Szenekultur in West-Berlin. Und nicht weit entfernt ortete man die jungen Lyriker um Heinz Kahlau in »sterilen Existenzialistenkellern«. »Buddhistische Schwarmgeister« benützten die bestehende kulturelle Infrastruktur für ihre

Einladungskarte eines Jugendklubs

Zwecke. »Besteht nicht die Gefahr, daß der Kulturbund in seiner jetzigen Struktur und Arbeitsweise besonders anfällig ist, für staatsfeindliche Machenschaften zum Schlupfwinkel zu werden?« Überall im Kulturbereich wäre manches völlig außer Rand und Band, es gäbe wie in der DEFA vollkommene Ablehnung jeder staatlichen Einmischung und grenzenlose Anarchie.[66] Was in den Städten mit ihrer hohen Konzentration an Intelligenz zunächst noch mißtrauisch beargwöhnt wurde, gelang über die Dörfer. Um die Disproportionen in der kulturellen Infrastruktur auszugleichen, waren im Zuge des »Frühlings auf dem Lande«, der Sozialisierung der Landwirtschaft, in kurzer Zeit landesweit Hunderte von Dorfklubs nach den ersten Hallenser Modellen entstanden. LPGs und Konsumgenossenschaft gingen vertragliche Regelungen ein und gründeten »Kulturläden«. In Selbsthilfe wurden Dorfkrüge, alte Schmieden oder Dorfschulhäuser umgebaut. Die in den fünfziger Jahren ins Leben gerufenen Arbeiterfestspiele bekamen eine kleinere Schwester – die Dorffestspiele. Auf den Dörfern widmete man sich nun verstärkt der Brauchtumspflege, aber es wurden auch gänzlich neue Spiele erfunden, wie das »Leistungshüten« der Wolfenbütter Schäfer oder Geschicklichkeitswettbewerbe von Traktoristen. Trotz des Mißtrauens der SED-Spitze etablierte sich schließlich auch in den Städten eine kaum noch zu überschauende Zahl von Klubs. Während die Massenmedien, wie das sich rasch ausbreitende Fernsehen, unter politischen Restriktionen litten, konnten sich die seit 1963 entstehenden Klubs der Kontrolle besser entziehen und teilweise zu Nischen einer ansatzweise eigensinnigen Milieukultur entwickeln, insbesondere die Jazzklubs, aber auch einzelne Studentenklubs und diverse exotische Initiativen wie zum Beispiel die Hobby-Indianer.[67] Bezeichnenderweise entstand infolge des Bitterfelder Weges eine vollkommen neue Literaturströmung von fast protokollarischer Authentizität der Alltagsbeobachtung, die nach Brigitte Reimanns Roman *Ankunft im Alltag* schlicht »Ankunftsliteratur« genannt wurde. »Das Bedürfnis, auf eine neue Art zu schreiben, folgt, wenn auch mit Abstand, einer neuen Art, in der Welt zu sein. In Zeitabständen, die sich zu verkürzen scheinen, hört, sieht, riecht, schmeckt ›man‹ anders als noch vor kurzem. Ein Wechsel der Weltempfindung ist vor sich gegangen, der sogar die unantastbare Erinnerung antastet; wieder einmal sehen wir ›die Welt‹ [...] in einer anderen Beleuchtung; auch Lebensgefühle scheinen heute weniger dauerhaft als in früheren Zeiten: die Unruhe ist beträchtlich.«[68]

Zerstreuungs- und Entspannungsbedürfnisse wie die neue Lust auf Selbstentdeckung waren in den Programmen der heroischen Propagandakultur der fünfziger Jahre kaum berücksichtigt worden. Über Jahre gänzlich zu kurz gekommen waren die Bedürfnisse der Jugendlichen. Die junge Generation kompensierte die entstandene kulturelle Angebotslücke zu Beginn der sechziger Jahre durch eigene, subversive Formen der Selbstverwirklichung, Beatkultur, freie Sexualität und Formen der Nichtseßhaftigkeit. Ein auf diese Entwicklungen reagierendes »Jugendkommuniqué« des Politbüros vom September 1963 ging auf eine Initiative Kurt Turbas, des Redakteurs der Studentenzeitschrift *Forum*, und auf Forderungen Brigitte Reimanns ein und sorgte dafür, daß »Gitarrenmusik« nicht allein kulturhauswürdig wurde, sondern – nach handgreiflichen Auseinandersetzungen – auch strenge Bekleidungsvorschriften gelockert wurden. Innerhalb eines Jahres wurden bis 1964 allein 500 Jugendklubs eingerichtet sowie ein spezieller Jugendsender, Radio DT 64, installiert. Auch wenn bereits 1965 alle Reformversuche abgebrochen[69] und die sogenannten »Gammler« abermals zum Prügelknaben bestellter Saubermänner wurden, ließen sich die neuen Wertvorstellungen und der *drive*, den die DDR-Gesellschaft kurzzeitig gewonnen hatte, nicht mehr aus der Welt schaffen. Sie wurden in der Literatur, der Poetenbewegung der FDJ, vor allem in der Rockmusik und in der Fotografie kultiviert und mehr oder weniger gut über die folgenden »Eiszeiten« gebracht.

---

65 Institut für Kulturbauten (Hg.), Kulturhäuser und Klubs, Berlin 1975, S. 5.
66 Summarische Wiedergabe der Diskussionsbeiträge von Willi Bredel, Paul Wandel und Kurt Hager auf dem 30. bis 33. Plenum des ZK der SED, Januar, Juli, September 1957.
67 Vgl. Gisela Kyrieleis, Wie fremdbestimmbar war und ist Kulturarbeit? Beobachtungen vor und in der »Wende«, in: Mitteilungen aus der kulturwissenschaftlichen Forschung, Nr. 32, S. 131.
68 Christa Wolf, Lesen und Schreiben, in: dies., Fortgesetzter Versuch, Leipzig 1980, S. 7.
69 Entscheidend war das 11. Plenum des ZK der SED 1965, auf dem neben den Vertretern der Wirtschaftsreform die künstlerische Elite des Landes scharf gemaßregelt wurde, vgl. Günter Agde (Hg.), Kahlschlag. Studien und Dokumente, Berlin 1991.

Karl Marx auf dem Freischwinger.
Die anderen Kulturhäuser der sechziger und siebziger Jahre

Das in den sechziger Jahren aus vielen Impulsen entstandene Ideal von Offenheit und freier Kommunikation hat in den Strukturplänen der seit 1960 in Planung befindlichen Kulturhäuser unmittelbar Gestalt angenommen. In Kritik an den autoritär-axial auf die Guckkastenbühne und konservative Rezeptionsvorgänge ausgerichteten Grundrissen der »Kulturtempel« entstanden nunmehr Funktionsschemata, die eine neue Generation von Kulturhäusern begründen sollten. Fast für drei Jahrzehnte wurde ein Konzept typisch, das entweder diagonalquadratische oder polygonale Säle in ein wabenförmiges Gewebe von frei verwandelbaren Foyerräumen einbettete, die gegeneinander zu öffnen waren.

Der beginnende Umbau des hierarchischen Konzepts läßt sich *in nuce* am Beispiel der Planungsgeschichte des Dresdner Kulturpalastes verfolgen. Wie für andere innerstädtische Kulturhäuser war in den fünfziger Jahren hier zunächst ein den Altmarkt abschließender geschlossener Baukörper mit seitlicher Risalitbildung für das mit einer Attika betonte Portal vorgesehen. Der Prototyp der neuen Generation von Kulturhäusern, in dem nun die Foyer- und Klubflächen über den Saal dominierten, erlebte 1960 im Dresdner Kulturhaus-Wettbewerb den entscheidenden Durchbruch. Nicht allein in der äußeren Gestalt des gläsern transparenten Kubus fand die neue industrielle Ästhetik ihr Sinnbild, sondern auch in einem vollkommen veränderten Funktionsprogramm. Der Siegerentwurf Leopold Wiels beruhte auf einer neuartigen Raumkonzeption, die von seinem Mitarbeiter Klaus Wever entwickelt worden war. Sie bestimmte den Saal zu einem gleichrangigen und frei konfigurierbaren, räumlichen Element unter anderen, ebenso wichtigen Funktionsräumen und räumte im Ansatz dynamischen Darstellungsformen des modernen epischen Theaters Entwicklungsmöglichkeiten ein. Das zentrale Foyer als ein Ort allseitig ungerichteter Kommunikation wurde in seiner Bedeutung noch durch die darüberliegende Kuppel betont. Obwohl dieses Konzept in Dresden noch nicht verwirklicht werden konnte, setzte sich die moderne Raumauffassung in den folgenden Jahren schließlich durch. Klaus Wever wurde 1961 in eines der eigens beim Ministerium für Kultur geschaffenen Entwurfsbüros berufen, die später bezeichnenderweise »Institut für Technologie kultureller Einrichtungen« hießen.

Kollektiv Herbert Schneider, Altmarkt mit Kulturhaus, Ansicht nach Norden, Dresden, 1952

Kollektiv Leopold Wiel, 1. Preisträger im Ideenwettbewerb »Haus der Sozialistischen Kultur«, Dresden, 1960

70 Klaus Wever, Wir schaffen uns ein Kulturhaus. Praktische Anleitung zur Selbsthilfe bei der Schaffung von Kulturhäusern, Berlin 1964, S. 10-11.

Links: Polygonale
Saaltypologien von
Wladimir Rubinow

Rechts: Diagonal-
quadratische Saal-
typologien von Klaus
Wever

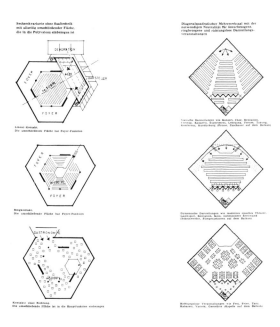

In den sechziger Jahren wurde die alles beherrschende Systemtheorie zur neuen Leitwissenschaft in Stadtplanung und Architektur. Bald schon schlug sich das kybernetisierte Gesellschaftskonzept auch direkt auf die Sprache der Planer von Kultureinrichtungen nieder. Ihre Weiterentwicklung wurde vorrangig zu einem logisch-funktionellen und technologischen Problem. Für die Grundrißarbeit wurde das Prinzip der offenen, nichtgerichteten Kommunikation verbindlich. Vollendete Multifunktionalität, Umbauvarianten und Vernetzungsplanungen lösten das dominant ikonische Leitprinzip der fünfziger Jahre so weitgehend ab, daß die Kulturhäuser, obwohl gebrauchsorientiert perfektioniert, schließlich fast zur Gestaltlosigkeit zu verkommen drohten. Die Architekten in ihrer Euphorie dachten fast nur noch in Netzen und Systemgruppen. Es begann die Ära der Multifunktionssäle, unbegrenzter Kombinationsmöglichkeiten und des Traums vom perfekten Baukastensystem für alle denkbaren Bedürfnisse. »Chic, charmant und stapelbar« mußte auch das neue Mobiliar sein. Beweglichkeit wurde zur zentralen Gestaltungsaufgabe. Dabei blieb die Form aufgrund beschränkter Gestaltungsspielräume der industriellen Bauproduktion zugunsten der Funktionsvielfalt oft auf der Strecke. Diese Kulturhäuser muteten eher wie Raumschiffe an und entsprachen damit dem Lebensgefühl der sechziger Jahre, das jeden Speiseautomaten und jede Rolltreppe als Zeichen der wissenschaftlich-technischen Revolution interpretierte und Selbstbedienungsrestaurants mit dem futuristischen Namen »Gastromat« bedachte. Man dachte nicht allein in Strukturen und Subsystemen, sondern zog mit Vorliebe vorgehängte Decken, Leistenparavane und gerasterte Leichtbauelemente in bestehende Altbauten ein. Die Leuchten in den Klubräumen waren selbstverständlich gefaltet, transparente Raumteiler schufen »Raum im Raum«, und die Möbel waren aus leicht montierbaren, geometrisch klaren Elementen. Unangenehme Raumhöhen, Säulen und dekoratives Schnitzwerk wurden bei den Umbaumaßnahmen sorgsam kaschiert, damit auch nichts den Eindruck störte, an Bord des »Raumschiffs Zukunft« zu sein. Über diesen äußerlichen Modernismen sollte man allerdings keineswegs den emanzipatorischen Anspruch der Funktionsprogramme übersehen. Das gesellschaftliche Ideal war mittelbar dem Reformprojekt jener Jahre verpflichtet, das von der Kompetenz und Regierungsfähigkeit mündiger Bürger ausging. Das Projekt vom neuen Menschen war von der Fassade nach innen verlegt:

> Wir verstehen jetzt, warum sie alle zusammenhängen müssen in einer kreisförmigen Kette, weil jeder Raum zu jedem Raum gehört. [...] Von jedem Klubraum muß man zur Bühne, aber auch zum Saal kommen können. Wir haben in unserem Kulturhaus keinen Unterschied zwischen Publikum und Künstler, zwischen Konsumenten und Produzenten, zwischen aktiv und passiv. Wir sind es, die auf der Bühne zeigen, was wir im Musiksaal erarbeitet haben. Und wir zeigen das unseren Kollegen im Saal, die uns zeigen, was sie im Literaturzirkel oder im Malzirkel geschafft haben. Wir verstehen uns und helfen uns weiter. [...] Wir selbst sind die Künstler und Schaffenden in unserem Kulturhaus, unsere Künstlergarderoben sind unsere Klubräume, wo wir arbeiten, proben, vorbereiten und uns verkleiden für die Aufführung vor den anderen, die beim nächsten Mal selbst Aufführende sind.[70]

Strukturen verknüpfen ließ und vor allem in den umschließenden Flächen ringförmige Kontaktmöglichkeiten eröffnete. Die funktional aufgewerteten Foyers sollten zu jeder Zeit für Zufallsgäste offen stehen, auch wenn man keine Karte für eine der laufenden Veranstaltungen gekauft hatte. Hier sollte man sich besonders bei schlechtem Wetter treffen, beiläufig Ausstellungen betrachten und öffentlichen Darbietungen folgen können. Am eindrucksvollsten ist diese Vorstellung 1973 beim Berliner Palast der Republik verwirklicht worden. Doch finden sich die umbauten »Marktplätze« auch in vielen kleineren Häusern und Wohngebietszentren im Lande wieder. Angefangen bei kleinen Dorfklubhäusern über den Festsaal im Hotel »Stadt Bautzen« (1967), das Haus der NVA in Strausberg (1967), das überdurchschnittlich stark ausgelastete Kulturhaus in Glienicke (1969) bis hin zum Kulturhaus in Waldau

Außer Klaus Wever, der das Prinzip der diagonalquadratischen Räume entwickelt hatte und zunehmend perfektionierte, ging eine zweite typologische Linie von Wladimir Rubinows Sechseck-Prinzip aus, das sich perfekt zu wabenähnlichen

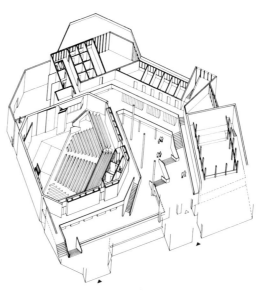

Links oben: Heinz Luther, Ulrich Möckel, Hans-Werner Kliesch, Stadthalle Suhl, 1969-1970

Links, 2.v.o.: Giesbert Hausmann (nach einem Typenprojekt von Klaus Wever), Klubhaus der Zementwerker Karsdorf, 1969-1974

Links, 2.v.u.: Benes, J. Konvalina, K. Wever, G. Götsch, Kreiskulturhaus und Theater Schwedt, 1978

Links unten: Wolfgang Henfling, Haus des Volkes Zella-Mehlis, 1975-1978

Rechts: Paul Dieter Wegner, Kreiskulturhaus Hagenow, 1970-1974

Institut für Technologie kultureller Einrichtungen, Isometrie, Entwurf für das Kreiskulturhaus Torgau mit diagonalquadratischer Saalanlage, 1971

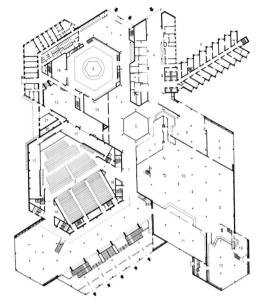

Rudolf Weißer (nach einem Saalkonzept von Wladimir Rubinow), Kulturzentrum Karl-Marx-Stadt, 1969-1974

Rechts: W. Rubinow, R. Weißer, Grundriß des Kulturzentrums Karl-Marx-Stadt mit polygonaler Saalanlage

Kollektiv Graffunder, Grundrisse des Palastes der Republik in Berlin, 1973

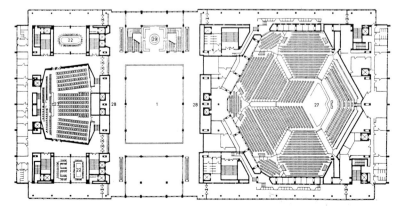

(1973) haben sich die verwandelbaren Säle für vielfältige Veranstaltungstypen gut bewährt. Probleme gab es vor allem bei klassischer Theaternutzung wegen der reduzierten Nebenflächen für Kulissen und Technik. Improvisierten Formen der Darbietung kamen diese Säle aber entgegen. Bei der Entwicklung dieser offenen Raumstruktur hatte das Institut für Kulturbauten wesentliche Anregungen von ausländischen Vorbildern, z.B. dem Gemeinschaftszentrum »Agora« im holländischen Dronten, bezogen. Die Mischung von Gastronomie und Kultur machte dieses Haus bis in die Nachtstunden zu einem gut besuchten Ort. So folgten die Stadthallen von Suhl (1969-1972), Schwedt (1978), Plauen (1989), das Kultur- und Kongreßzentrum in Karl-Marx-Stadt (dem heutigen Chemnitz), der Kulturpalast in Gera (1979), die Sport- und Kongreßhalle in Rostock (1975-1978) und viele Wohngebietszentren in den ausgesprochen monofunktionalen Plattenbaugroßsiedlungen internationalen Anregungen. »Agora« oder »Forum« waren die Leitbegriffe bei der Entwicklung neuer Typologien, an deren Umsetzung sich neben Wever und Rubinow vor allem Wolf-Rüdiger Eisentrauts Mitarbeiter Michael Kny und Thomas Weber beteiligten. In Berlin-Marzahn (1988) und im Palast der Republik (1973-1976) mit seinem attraktiven Foyer sind diese Konzeptionen am prägnantesten überliefert. Diese Entwicklungen vollzogen sich keineswegs in einem luftleeren Raum, sondern vor dem Hintergrund sehr kontroverser sozialwissenschaftlicher Debatten, deren Fronten, vereinfacht dargestellt, zwischen Berlin und Leipzig verliefen. Auf der einen Seite stand der idea- listische Anspruch, kulturelle Prozesse systematisch zu planen,[71] andererseits gingen Wissenschaftler von empirisch ermittelten Tatsachen und Bedürfnissen aus, die hochgradige Individualisierungstendenzen abbildeten. Zentrale Steuerung von Wertbildungsprozessen oder Autonomie der Persönlichkeit lautete eine der Kernfragen in der Kulturtheorie an der Wende von den

Titelgestaltung *form+zweck*, 1983

siebziger zu den achtziger Jahren. Im Karl-Marx-Jahr 1983 gelang der Zeitschrift *form+zweck* eine Zuspitzung der Kontroverse, indem sie auf der Titelseite des Mai-Hefts den Klassiker auf einem Freischwinger-Stuhl sitzend präsentierte. Das war ein parteioffi-ziell prompt als ungeheuerlich empfundener Protest gegen die Musealisierung von Marx und eine Aufforderung, die weitere Entwicklung der Gesellschaft endlich von der freien Entfaltung jedes einzelnen Menschen abhängig zu machen. Reichtum wurde damit unmittelbar an die noch einzulösende freie Entfaltung von individueller Kreativität gekoppelt und nicht an die konsumorientierte »Ich-leiste-mir-was«-Strategie von Bedürfnisbefriedigung. In den intellektuellen Hinterstübchen des Landes bastelten Philosophen und Produktgestalter intensiv an Reformkonzepten des Sozialismus.[72] Ihre Thesen fanden sich im Herbst 1989 plötzlich und überraschend auf vielen Transparenten der großen Kundgebungen wieder.

»Adieu und Tüchelchen!«
Eine Jahrhundertidee verabschiedet sich

Betrachtet man die Entwicklung der Kulturhäuser statistisch,[73] so wird deutlich, daß sie vor allem zu Beginn der fünfziger Jahre eingerichtet wurden. Bereits 1951 existierten 565, ein Jahr später hatte sich die Zahl beinahe verdoppelt. Seit 1959 war die Anzahl gegenüber dem Stand von 1956 rückläufig, was in der Regel mit dem Verfall der Provisorien aus der Nachkriegszeit erklärt wird. Die Besucherzahlen bei Veranstaltungen stiegen kontinuierlich. Die Zirkelarbeit scheint 1965 und 1966 ihren Höhepunkt erreicht zu haben. Die Zahl der aktiven Teilnehmer lag über all die Jahre ziemlich stetig bei durchschnittlich 180.000. Nach 1982 sind dann wieder umfangreiche Erweiterungen des Einrichtungsnetzes festzustellen, allein zwischen 1984 und 1988 kamen 432 Kulturhäuser hinzu, so daß die letzte Zählung 1.838 Häuser ergab. Im Jahr 1984 wurde schließlich ein Spitzenwert an aktiven Teilnehmern an der (gewerkschaftlichen) Kulturhausarbeit ermittelt. Gelegentliche qualitative Stichproben ergeben für das letzte Jahrzehnt ein reges Interesse von Jugendlichen und von jungen Familien mit Kindern. Abgesehen von dem nochmaligen Aufschwung um 1985, ist allerdings seit 1967 eine deutliche Stagnation festzustellen. Dies mag sich durch die Konkurrenz der in der Statistik nicht erfaßten zahllosen kleinen und kleinsten Klubs in den Wohngebieten erklären, hängt aber wohl auch mit der Verbreitung des Fernsehens und zunehmender Individualisierung der kulturellen Bedürfnisse zusammen. Jedenfalls konnten seit Mitte der sechziger Jahre die Kulturhäuser offensichtlich keine neuen Interessenten hinzugewinnen. Die rapide ansteigenden Teilnehmerzahlen ab Mitte der achtziger Jahre erklären sich vermutlich nur aus dem Siegeszug der Rockmusik und den zunehmenden Jugendtanz- und Konzertveranstaltungen, die wiederum auf einen Generationswechsel in den Leitungen der Kulturhäuser hindeuten.

Die Hauptentwicklung der Kulturarbeit vollzog sich in den letzten beiden Jahrzehnten der DDR jenseits der repräsentativen Staatsbauten in viel informelleren Zusammenhängen und eindeutig milieuzentriert. Generationsabhängige oder berufsspezifische Einrichtungen wie Jugend- und Studentenklubs oder die Häuser der Architekten entstanden vielfach in Selbsthilfe. Es scheint, daß die in der Improvisation geübten DDR-Bürger

71 Vgl. Erhard John, Zur Planung kultureller Prozesse, Berlin 1978.
72 So die Gruppe um André Brie oder Irene Dölling, die Soziologen an der Akademie für Gesellschaftswissenschaften oder die Zentrale Arbeitsgruppe für baubezogene Kunst im Künstlerverband; vgl. zu letzterer bes. Peter Guth, Wände der Verheißung. Zur Geschichte der baugebundenen Kunst in der DDR, Leipzig 1995.
73 Angaben bei Groschopp, a.a.O., S. 174ff.
74 Zur Sicht der Stasi auf die Jugendkultur vgl. das Gespräch mit AZ in Peter Wicke, Lothar Müller, Rockmusik und Politik. Analysen, Interviews und Dokumente, Berlin 1996, S. 179ff.

Jugendklub in Nünchritz, Gestaltung Holger Hermann und Maja Nagel, 1986

sich zunehmend auf sich selbst besannen. Schon vor den Weltfestspielen 1975 war in der FDJ einmal mehr das große Gründerfieber ausgebrochen. Ohne Direktiven abzuwarten, entstanden in leerstehenden Läden, in Kellern und aufgegebenen Eckkneipen Klubs, deren Existenz oft erst nachträglich sanktioniert oder gelegentlich auf Betreiben der Staatssicherheit unterbunden wurde.[74] Nach dem Vorbild der Studentenklubs richteten sich die ins Berufsleben geworfenen Hochschulabsolventen kleine Refugien ein, um das Dilemma der einseitigen Familienorientierung des Wohnungsbaus zu überwinden. Wenn es schon keine Gelegenheiten für Wohngemeinschaften gab, so konnten Trockenräume und Fahrradkeller in den Neubaugebieten ersatzweise zu Gemeinschaftsräumen umgestaltet werden. Im Zentrum vieler Aktivitäten standen die Kinder: Im gemeinsamen Spiel mit ihnen konnten die Erwachsenen die Kreativität entfalten, die ihnen die gesellschaftliche Realität zunehmend verweigerte. In den Altstadtgebieten wiederum entwickelten sich verschiedene, hochindividualisierte »Szenen« zu Trägern eines neuen Kulturverständnisses. Sie brauchten die großen Häuser zunächst nicht mehr oder krempelten sie in glücklicheren Fällen nach ihren Bedürfnissen um. Aus den Klubkellern »fraßen« sie sich allmählich in die Hinterhöfe und bis auf die Straßen vor – bis sie sich im Herbst 1989 an runden Tischen wiederfanden. Aber dies ist bereits eine andere Geschichte, deren glückliche Fortsetzung abzuwarten bleibt.

Rückblickend auf mehr als vier Jahrzehnte Kultur(haus)geschichte der DDR offenbart sich eine eigenartige und komplizierte Logik. Die Institution und die Akteure sind in die Widersprüche des Gesellschaftskonstrukts unlösbar eingebunden gewesen. Einerseits haben sie wesentlich zur Identitätsbildung und Legitimierung des Staates

Jugendklub in Gera-Lusan, Gestaltung Horst Gröschel, Detlef Lieferts, 1985

DDR beigetragen, was durchaus einer systemimmanenten Rationalität und positiv gestaltenden Absicht entsprach, andererseits waren sie auch in globale Modernisierungsprozesse eingebettet. Eine sehr starke Tendenz zur Individualisierung sowie konsumorientierte Freizeitbedürfnisse der Industriegesellschaft ließen sich durch keine Grenzziehung auf Dauer aufhalten. Die Zeit der Volkshäuser war auch im Westen spätestens 1968, dem Jahr des Abrisses von Victor Hortas Brüsseler »Maison du Peuple«, vorbei. Neue Medien veränderten das Rezeptions- und Bildungsverhalten, und ein Trend zu kleinteiligen, stadtteilorientierten Initiativen begann sich durchzusetzen. Dieser war mehr von der Aversion gegen das Perfekte und Etablierte getragen und hing mit der Lust des Aneignens und Besetzens brachgefallener Baulichkeiten zusammen. Nach dem »Raumschiff Enterprise«-Chic der sechziger Jahre verliebte man sich in Ost wie West nun in das brüchige und mit Spuren der Vergangenheit gezeichnete Alte. Es begann die Zeit der Kulturfabriken und der behutsamen Stadtreparatur. Eine entscheidende Besonderheit allerdings macht den Witz der DDR-Geschichte aus, nämlich die besondere Rolle der Kunst. Von Anfang an zunächst auf politische Funktionen getrimmt, nahmen Künstler eine hohe soziale Verantwortung wahr. Damit wurde Kunst zur maßgeblichen moralischen Instanz der Gesellschaft, was im Westen ebenso belächelt wie voller Neid beobachtet wurde. Die Anerkennung dieser indirekt auch über den »Bitterfelder Weg« zugewachsenen Rolle und der großen emanzipatorischen Leistungen wird in einer Erklärung der Ost-CDU aus dem Jahr 1990 deutlich:

> Wer immer in diesem Land für Kultur und Kunst politisch Sorge tragen wird, sollte stets vor Entscheidungen bedenken, welchen Anteil Künstler und ihre Werke an jenen unser gesellschaftliches und persönliches Leben tief ›umpflügenden‹ Ereignissen hatten, die als Perestroika, Glasnost und »Oktoberrevolution von 1989« in die Geschichte eingehen werden.

In Bildern von aufstörendem Sinn formten sie die unbequemen, bohrenden Fragen der Zeit, der Geschichte und des Lebens, die keine Öffentlichkeit haben sollten. Unerbittlich zogen sie uns hinein ins Drama innerer Zerrissenheit der Menschen dieser Gesellschaft, pflanzten listig oft den Zweifel in die Selbstgefälligen und den Geist des Widerspruchs in mündiges Publikum. Uns und sich erstritten sie Freiräume des Denkens und bereiteten so den Umbruch im Kopf und in den Gefühlen vor. Kultur und Kunst sind und bleiben uns deshalb lebenswichtig; wir brauchen die Erfrischung von Lebensmut wie das tägliche Brot, wir brauchen die Vision von Hoffnung auf geschwisterliche Beziehungen zwischen den Menschen, die, unabgegolten noch, erneut verraten wurde.[75]

Daß die »Revolutionäre« in ihrem Überschwang nicht vergaßen, die Häuser für neue Formen des Spiels und des Experiments zu sichern, und welche Vorstellungen sie damit verbanden, belegt folgende Äußerung: »Der Runde Tisch fordert die Regierung der DDR auf, jede Nutzung, Vergabe oder Veräußerung des Palastes der Republik in Berlin und vergleichbarer Einrichtungen in anderen Städten für kommerzielle und repräsentative Zwecke zu unterlassen. Der Palast der Republik soll ein vom Staat subventioniertes Zentrum alter-

Palast der Republik in Berlin am 4. März 1990. Künstler besetzen den von ihnen in »Haus des Volkes« umbenannten Palast und fordern die Einrichtung eines Zentrums für Kunst

75 Aus der Stellungnahme der CDU zur Kulturpolitik auf der 14. Sitzung des Runden Tischs am 26.2.1990.
76 Antrag der Grünen auf derselben Sitzung.

nativer und experimenteller Kunstproduktion werden. Unter Nutzung aller Räume soll eine Vielzahl von Ateliers, Studios, Probenräumen und Werkstätten entstehen, in denen die unterschiedlichen Kunstformen entdeckt, entwickelt und öffentlich ausprobiert werden können. Die vielen repräsentativen Foyers und Etagenräume müssen für diesen Zweck um- und neugestaltet werden. Diese neue Zweckbestimmung muß schon bei einer eventuell notwendigen Asbestsanierung berücksichtigt werden.«[76] Der Palast der Republik wurde wenige Wochen nach dieser Sitzung des Runden Tisches von der neuen DDR-Regierung vorsorglich geschlossen, um die in einzelnen Gebäudeteilen nicht auszuschließende Asbestbelastung schnellstmöglich zu beheben. Im Schließungsbeschluß war eine Wiedereröffnung »spätestens in zwei Jahren« zugesagt. Im für die Öffentlichkeit bereits geschlossenen Palast tagte aber weiterhin die Volkskammer, die am 31. August 1990 den Beschluß über den Beitritt der DDR zur Bundesrepublik Deutschland faßte. Noch sechs Jahre danach ist der Erhalt des bedeutendsten Kulturhauses der DDR nicht gesichert. Im Gegenteil, im Juni 1996 melden die Medien abermals Abrißabsichten.

Brandenburg

Kulturhaus »Johannes R. Becher«
Rathenow, 1956-1958

Kulturhaus »Stadtgarten«
Neuruppin, 1887
(Umbau 1967-1968)
Frontansicht

Kulturhaus »Stadtgarten«
Neuruppin, 1887
(Umbau 1967-1968)
(Schnäppchenmarkt 1994)

Kulturhaus »Haus des Friedens«
Trebus
1951, Seeseite

Tanzrestaurant »Stadtgarten«
Zehdenick, 1912 (Umbau 1968)
Saal

Klubhaus »Hans Beimler«
Hennigsdorf, 1952
Seitenansicht

Kulturhaus, Kruge-Gersdorf,
1952-1953
Eingangsansicht

»Haus der Eisenbahner«
Küstrin-Kietz, um 1954
Frontansicht

»Haus der Eisenbahner« Saal
Küstrin-Kietz, um 1954 Bodenkammer (1994)

Kulturhaus »Martin Andersen Nexö«
Rüdersdorf, 1954-1956

Säulenflucht im Saal
Im Foyer

Kulturhaus »Martin Andersen Nexö« Rüdersdorf, 1954-1956

Frontansicht
Saal mit Weihnachtsdekoration (1994)

Kulturhaus »Erich Weinert« Seelow, 1954-1957 Ansicht vom Vorplatz aus

Kulturhaus Plessa 1956-1958 Straßenansicht

Kulturhaus Plessa
1956-1958
Seniorenfasching (1994)

Kulturhaus »Arthur Ladwig«
Ludwigsfelde, 1956-1959
Vor der Garderobe

Kulturhaus »Arthur Ladwig« Südwest-Ansicht
Ludwigsfelde, 1956-1959 Rang

Mecklenburg Vorpommern

Kulturhaus der MAS
Murchin, 1952-1954
Frontansicht um Mitternacht
Großdisco »HyperDome« (1994)

Kulturhaus, Heringsdorf
1948-1949
Restaurantterrassen

Kulturhaus, Heringsdorf
1948-1949

Loge
Frontansicht
Saal vor der Sanierung (1994)

Kulturhaus »Der Freie Bauer«
Brüsewitz, 1951-1952
Straßenansicht

Kulturhaus »Kurt Bürger«
Boizenburg, 1951-1953
Portal mit Vorgarten

Kulturhaus
Mestlin, 1952-1957
Frontansicht mit Vorplatz

Kulturhaus der MAS »Matyas Rakosi« Klubgaststätte
Murchin, 1952-1954 Relief am linken Seitenflügel

Klubgaststätte, Wand- und Deckenfresken

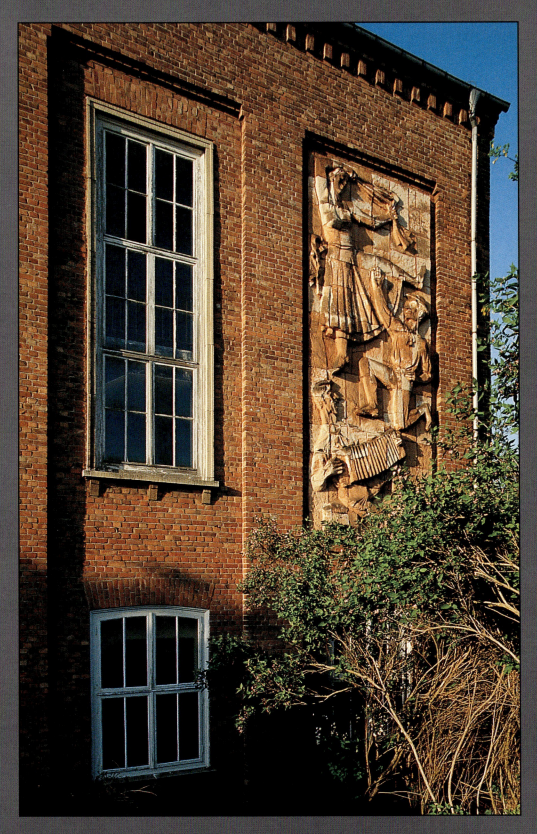

Kulturgebäude der ehem. Pädagogischen Hochschule, Güstrow, 1957, Keramikrelief an der Süd-West-Fassade

Stadthalle, Parchim Straßenansicht
nach 1984 Keramikrelief im Foyer

Berlin

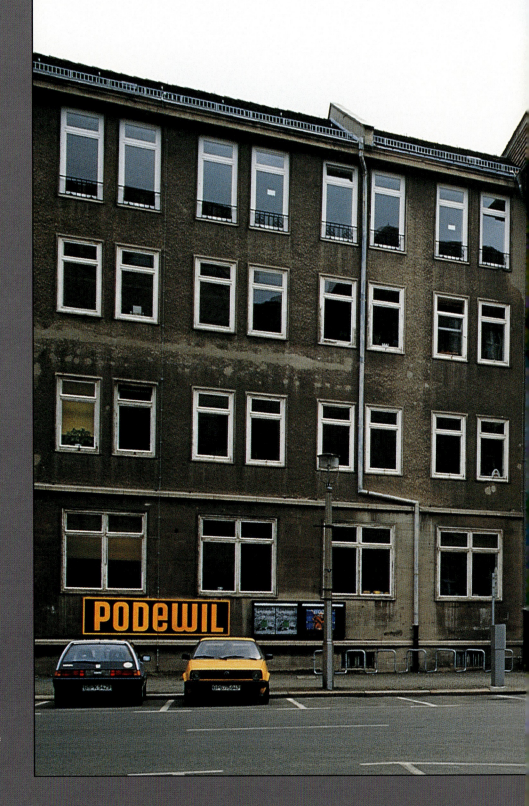

Berlin-Mitte, »Haus der Jungen Talente«
(HDjT), heute »Podewil«, 1701-1704
Umbau und Erweiterung 1966-1970
Frontansicht

Kultur- und Volkshaus
Bohnsdorf, Berlin-Treptow
1948, Seitenansicht
mit Eingang

Kulturhaus »DSF«
Berlin-Treptow, 1895
Frontansicht

Kulturhaus »Peter Edel«
Berlin-Weißensee, 50er Jahre
Straßenansicht

Kulturhaus
des VEB Elektrokohle Lichtenberg
Berlin-Lichtenberg, 1949-1959
Straßenansicht (1994)

Palast der Republik
Berlin-Mitte, 1973-1979
Frontansicht

Kultur- und Freizeitforum Marzahn
Berlin-Marzahn, 1989-1991

Frontansicht
Saal mit Deckenmalerei

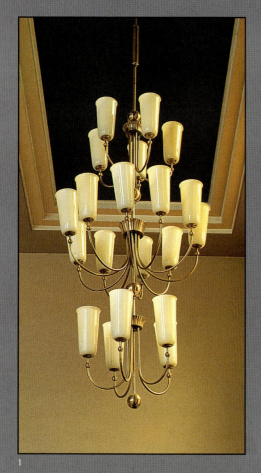

1 Aue, Treppenaufgang
2 Unterwellenborn, Saalumgang
3 Rathenow, Saalumgang
4 Bad Berka, Saalfoyer
5 Großenhain, unteres Foyer
6 Aue, vor der Garderobe
7 Harbke, im Treppenhaus zum Saal
8 Unterwellenborn, Lüster im Musiksa
9 Güstrow, im Treppenaufgang
10 Bad Berka, an der Restaurantdecke
11 Wolfen, an der Foyerwand
12 Hennigsdorf, an der Saalwand

8

9

Kulturhausleuchten
aus den fünfziger Jahren

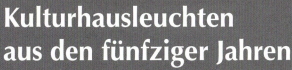

10

11

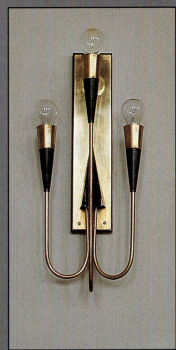
12

Dokumentation der im Farbteil vorgestellten Kulturhäuser

Aue

Name: Kulturhaus »Ernst Thälmann«

Gebaut: 1957-1958

Architekt: Heinz Voigtmann

Träger: Stadt

Techn. Angaben: Theatersaal mit 784 Pl., Konzertsaal mit ca. 200 Pl., Parkett, Klubräume, sehr großes Vestibül, das auch als Gaststätte genutzt wurde

Allg. Angaben: die reiche, dekorative Ausstattung ist im Originalzustand erhalten; wird von der Stadt genutzt; war zu DDR-Zeiten wichtiger Veranstaltungsort; Fernsehaufzeichnungen beliebter Sendungen

Bad Berka

Name: Klubhaus der Lungen-Heilstätte

Gebaut: 1954-1958

Architekten: Hanns Hopp, Richard Joachim

Träger: Lungen-Heilstätte Bad Berka, Ministerium f. Gesundheitswesen der DDR, Zentral-Klinik Bad Berka GmbH

Techn. Angaben: großer Saal im Obergeschoß mit 400 Pl., Parkett, im Erdgeschoß Gaststätte

Allg. Angaben: Originalbestand der Erstausstattung (Lampen und Saalgestühl); Gaststätte in Betrieb; die keramischen Pfeilerverkleidungen im Gastraum sind künstlerische Arbeiten des Töpferzirkels ehem. Patienten

Bad Lobenstein

Name: Kulturhaus

Gebaut: 1952-1954

Architekten: O. Meinel, R. Metzner

Träger: Gemeinde

Techn. Angaben: Saal mit ca. 600 Pl.; Parkett, Klubräume, Gaststätte

Allg. Angaben: Saalumbauten (Holzverkleidung) in den 60er Jahren; rückseitig an den Ortspark angebunden; Nutzung durch die Gemeinde

Bandelin

Name: Kulturhaus »Johannes R. Becher«

Gebaut: 1953

Architekt: Ernst-Max Jahn

Träger: Maschinen-Ausleih-Station Bandelin, Gemeinde u. Förderverein

Techn. Angaben: großer Saal mit ca. 350 Pl., Parkett, Klubräume, Bibliothek, Gaststätte

Allg. Angaben: Typisches MAS-Kulturhaus in einem Zentraldorf; im Rahmen der Förderprogramme für die Landwirtschaft entstanden; wird von dem Förderverein am Leben erhalten; bes. Freizeitangebot für Jugendliche; Gaststätte in Betrieb

Berlin-Lichtenberg

Name: Kulturhaus

Gebaut: 1949-1950

Architekt: unbekannt

Träger: VEB Elektrokohle Lichtenberg (EKL)

Techn. Angaben: großer Saal mit ca. 800 Pl., Parkett, Klubräume, Gastronomie

Allg. Angaben: frühes Kulturhaus eines SAG-Betriebs; wird als Teppich-Markt genutzt, kl. Diskothek im ehemaligen Foyerbereich

Berlin-Marzahn

Name: Kultur- und Freizeitforum

Gebaut: 1988-1991

Architekt: Kollektiv W.-R. Eisentraut

Träger: Stadtbezirk

Techn. Angaben: großer Saal mit ca. 450 Pl., kl. Saal, AG-Räume, Bibliothek, große Foyerbereiche, Sauna u. Schwimmhalle

Allg. Angaben: ständig genutzt; vielfältige Freizeitangebote; größter Veranstaltungsort in Marzahn

Berlin-Mitte

Name: urspr. Podewilsches Palais, Zentraler Klub der Jugend und Sportler, Haus der Jungen Talente, Podewil

Gebaut: 1701-1704, 1951 wiederaufgebaut, 1966 abgebrannt, 1966-1970 erweiterter Wiederauf- und Umbau

Architekten: Jean de Bodt u.a.

Träger: Land Berlin

Techn. Angaben: großer Saal mit ca. 400 Pl., Parkett, kl. Saal, Sportsaal, div. Klub- und Zirkelräume, Café u. Gaststätte, Ausstellungsfoyer; seit 1976 als eigenständige Einrichtung HDJT

Allg. Angaben: bes. als Organisations- u. Veranstaltungsort für das internat. Festival des polit. Liedes u. Heimstätte des DDR-Jazz bekannt; internat. Jazzkonzerte (seit Ende der 70er Jahre); vielfältige Clubs u. Zirkel: Filmclub, ISKRA-Club, Musikclub, Theaterclub, Zirkel für Fotografie, Grafik, Plastik, Tanz, Malen, Zeichnen, Kunsthandwerk, Mode, Textilgestaltung, eine Artistik- u. Äquilibristikgruppe, Gitarrenzirkel, Kabarett, ein Kinder- u. Jugendensemble für Musik und Bewegung, ein Pionierchor, kl. Theater, ein Pantomimenstudio. Juni 1991 geschlossen, am 1.7.1992 wiedereröffnet unter dem Namen »Podewil«; weiterhin

Kulturhaus der Lederfabrik Hirschberg, 1948-1949, Eingangstür (1994)

Jazzspielort; Präsentation experimenteller Kunstformen in Musik, Tanz, Theater, Bildender Kunst u. Medienkunst

Berlin-Mitte
Name: Palast der Republik
Gebaut: 1973-1979
Architekten: Kollektive H. Graffunder, W.-R. Eisenraut, C. Schulz, M. Prasser, H. Aust; technische Einrichtungen: Klaus Wever
Träger: Bund

Techn. Angaben: Stahlskelettkonstr. mit teilw. 80 Metern Binderspannweite; kleiner Volkskammersaal; großer Saal für max. 5.000 Pl.; div. gastronom. Einrichtungen; große Bowlinganlage

Allg. Angaben: als Ersatz für die bis dahin genutzte Sport- und Kongreßhalle in der Karl-Marx-Allee errichtet; Konkurrenzunternehmen zum West-Berliner ICC; nimmt Anregungen vom Centre Pompidou und von internationalen Vergleichsvorhaben auf; mul-tifunktionales Programm wie bei den großen Volkshäusern der Jahrhundertwende: polit. Versammlungen, Parlament, Lese- und Klubräume, Gastronomie, Festsaal, Foyer als gläserne »Agora« mit Galerie, Bowlingcenter, Jugendclub, Theatereinbau; Außentribüne kaum noch genutzt; 1989 Schauplatz von Kundgebungen; Tagungsort des ersten frei gewählten DDR-Parlaments; am 1.9.1990 mit Maßgabe schnellstmöglicher Asbestsanierung geschlossen, um die nicht auszuschließenden gesundheitlichen Risiken zu beseitigen; seither ständiger Abbau der Inneneinrichtungen; 1994 Abschaltung der Sprenkleranlage; 1996 Fachinitiative von Politologen, Historikern u. Architekten aus Deutschland, Italien, der Schweiz u. den Niederlanden gegen den Abriß; liegt brach; Abrißoption im Gespräch; zahlreiche Bürgerinitiativen für eine Neunutzung, Aktion »Palast auf der Straße«

Berlin-Treptow
Name: Kreiskulturhaus »Haus der Deutsch-Sowjetischen Freundschaft«, »Parkhaus«, Kulturhaus Treptow
Gebaut: 1894 (als Privatvilla)
Architekt: unbekannt
Träger: nach 1945 russische Kommandantur, nach 1960 der Bezirk, heute Bezirksamt

Techn. Angaben: Jazz-Keller mit 120 Pl., Theater mit 50 Pl., Parkgarten mit Freilichtbühne mit 500 Pl., Galerie, Klubräume

Allg. Angaben: seit 27 Jahren Jazz-Keller; ältester Jazz-Club Ost-Berlins; »Galerie Bildende Kunst« (von Longest F. Stein) war zu DDR-Zeit ein bedeutender Experimentieru. Präsentationsort junger Künstler; Filmclub »Gaff«; Theater mit Hausproduktionen; Siebdruckwerkstatt, Ateliers, Werkstatt Bildende und Darstellende Kunst; regionales Weltmusikfestival; Theater seit 1990

Berlin-Treptow/Bohnsdorf
Name: Kultur- und Volkshaus
Gebaut: 1948
Architekt: Kuhn
Träger: Bezirksamt

Techn. Angaben: Saal mit ca. 400 Pl., Gastronomie

Allg. Angaben: durch überregionale Spenden 1948 in der Gartenstadt Falkenberg durch den Verkauf von Papiercoupons, sog. Bausteine, und mit einer Kulturfonds-Anleihe aus den Holzelementen ehemaliger Zwangsarbeiterbaracken errichtet

Berlin-Weißensee
Name: Kulturhaus »Peter Edel«
Gebaut: um 1910, Um- und Ausbau um 1963
Architekt: unbekannt
Träger: Bezirksamt

Techn. Angaben: gr. Saal mit ca. 400 Pl., Parkett, kl. Saal mit ca. 100 Pl., Ausstellungsräume, div. Zirkelräume

Allg. Angaben: Off-Theater; AGs für Aktzeichnen; Keramikzirkel; Kinderhörspielstudio; Tonstudio; Tanz-, Musik- u. Familienveranstaltungen für Kinder, Jugendliche, Erwachsene u. Senioren; überregional bekannter Jazzclub

Bitterfeld
Name: Kulturpalast »Wilhelm Pieck«
Gebaut: 1952-1954
Architekten: Theodor Simon, Alfred Dienst

Träger: SAG Elektrochemisches Kombinat Bitterfeld, Stadt, Förderverein Kulturpalast

Techn. Angaben: Theatersaal mit 1.000 Pl., Rang, kl. Saal mit 300 Pl., Parkett, Gaststätte, Klubräume, gr., ca. 70 m tiefe Saalbühne

Allg. Angaben: vor 1990 ca. 50 Zirkel aller Genres; Veranstaltungsort der sogenannten »Bitterfelder Konferenz«; weitgehend im Originalzustand erhalten; hat große Unterhaltsprobleme; 1994 Eröffnung der Gaststätte »Parzival«; Erhaltungsversuche durch den von der Stadt Bitterfeld und dem Bauhaus Dessau gegründeten Förderverein; im Rahmen der EXPO 2000 Bestandteil des Veranstaltungsprogramms »Industrielles Gartenreich«

Böhlen
Name: Kulturpalast »Otto Grotewohl«
Gebaut: 1949-1952
Architekt: Fugmann
Träger: SAG Kombinat Böhlen, Stadt

Techn. Angaben: Theatersaal mit 985 Pl., kl. Saal mit ca. 150 Pl., Klubräume, Gaststätte

Allg. Angaben: auf Veranlassung der SAG Topliwo für die Belegschaften dreier Böhlener Betriebe errichtet; modern anmutende Saalarchitektur mit holzverkleideten Wänden und Rang; gestaffelte Wand- u. Deckenführung; indirekte Ausleuchtung

Boizenburg/Elbe
Name: Kulturhaus »Kurt Bürger«
Gebaut: 1951-1953
Architekten: Franz Schiemer, Adolf Scheuer
Träger: Stadt

Techn. Angaben: großer Saal mit ca. 400 Pl., Parkett, Rang, Klubräume u. Gaststätte

Allg. Angaben: Saal wird vom Pächter zur Diskothek umgebaut (Stand 1994)

Brüsewitz
Name: Kulturhaus »Der freie Bauer«
Gebaut: 1951-1952
Architekten: Franz Schiemer, Heinrich Handorf

Träger: MAS Brüsewitz, privat

Techn. Angaben: großer Saal mit ca. 250 Pl., Parkett, Klubräume, Bibliothek, Gaststätte

Allg. Angaben: Eigenprojekt einer MAS in Form moderat moderner norddeutscher Backsteinarchitektur mit holländischen Anklängen (Amsterdamer Schule); Gaststätte u. Saal werden privat genutzt

Chemnitz-Siegmar
Name: Kulturpalast der Bergarbeiter
Gebaut: 1949-1950
Architekten: Kurt Ritter, Adam Bugner, Joachim Rackwitz (auf der Grundlage eines sowjetischen Typenprojekts)
Träger: SAG Wismut, heute Studio des MDR

Techn. Angaben: großer Saal u. div. Nebenräume

Allg. Angaben: das Gebäude ist von einer weitläufigen Parklandschaft umgeben

Espenhain
Name: Klubhaus »Clara Zetkin«
Gebaut: 1951-1952
Architekten: Fritz Gerhardt, Heinz Hemm, C. Müller
Träger: VEB Braunkohlenveredlung Espenhain, privat

Techn. Angaben: großer Saal mit ca. 350 Pl., Parkett, Gastronomie

Allg. Angaben: privater Nutzer (Möbelmarkt) 1994; 1995 abgebrannt

Gera
Name: Haus der Kultur, Stadthalle Gera
Gebaut: 1977-1981
Architekten: L. Bortenreuter, K. Günther, G. Gerhardt
Träger: Stadt

Techn. Angaben: großer Mehrzwecksaal mit 1.683 Pl., Klub mit 160 Pl., 6 gastronom. Einrichtungen mit 380 Pl., Bowling

Allg. Angaben: plastisch-bildhauerische Reliefwand im Foyerbereich (Thema: »Deutsches Liedgut vom Minnesang bis zum Arbeiterlied«); Arbeiten von 27 Künstlern, u.a. Karl-Heinz Appelt, Volker Beier, Marguerite Blume-Cardenas, Wolfgang Friedrich, Claus-Lutz Gaedicke, Michael Göttsche, Ingeborg Hunzinger, Jo Jastram

Gotha
Name: Kulturhaus »Haus der Einheit«, Stadthalle
Gebaut: 1823-1824
Architekt: unbekannt
Träger: Stadt

Techn. Angaben: großer Saal mit Empore mit ca. 600 Pl.; Gaststätte

Allg. Angaben: klassizierender Emporensaal; bedeutender Tagungsort der Sozialdemokratie (Gothaer Parteitag)

Großenhain
Name: Kulturhaus »Maxim Gorki«
Gebaut: 1952-1957
Architekt: unbekannt
Träger: Stadt, Pächter

Techn. Angaben: großer Saal mit ca. 500 Pl., Parkett, Rang, großzügiger Foyerbereich, Gastronomie

Allg. Angaben: im oberen Bereich weitgehend Originalausstattung; originelle Lampen der 50er Jahre; lebendiger Betrieb durch Live-Musikveranstaltungen des Pächters

Güstrow
Name: Kulturgebäude der PH »Lieselotte Hermann«, heute Fachhochschule für Öffentliche Verwaltung
Gebaut: 1957
Architekt: Hans Hermann Schreiber
Träger: Volksbildungsministerium der DDR, Landesliegenschaft des Landes Mecklenburg-Vorpommern

Techn. Angaben: Saal mit ca. 400 Pl., Parkett, Rang

Allg. Angaben: Relief an der Südseite von Jo Jastram

Harbke
Name: Kulturhaus des Kraftwerks
Gebaut: 1953-1954
Architekt: Gustav Hartwig
Träger: Kraftwerk Harbke, Gemeinde

Techn. Angaben: großer Saal mit ca. 500 Pl., Parkett, kleiner Saal, großzügiger Foyerbereich, Klubräume, Gästezimmer, Gaststätte

Allg. Angaben: Teil des Eingangsbereichs (Vestibül) von einer Bank genutzt; Gaststätte in Betrieb; weitgehend originale Innenausstattung

Hellerau
Name: Festspielhaus der Bildungsanstalt Jaques-Dalcroze
Gebaut: 1910-1912
Architekt: Heinrich Tessenow
Träger: genutzt vom Förderverein für die Europäische Werkstatt für Kunst und Kultur Hellerau e. V.

Techn. Angaben: großer Saal, Oberlichtsaal

Allg. Angaben: einst Mittelpunkt einer hofartig angelegten Bildungsanstalt mit Wohn- und Sozialgebäuden innerhalb des Reformkonzepts der Gartenstadt Hellerau; während des Ersten Weltkriegs als Protest gegen den Krieg vom Gründer aufgegeben; Wiederbelebungsversuche in den 20er Jahren; Polizeischule und Kaserne während der Nazi-Zeit; nach 1945 Haus der Offiziere der Roten Armee, Teil der Kasernenanlage; verfallen wie vergleichbare Anlagen der Sowjetarmee; Nutzung des Saals als Sporthalle; der Förderverein Hellerau gibt dem Haus u. den umliegenden Gebäuden mit Kunstprojekten u. Veranstaltungen eine neue Perspektive

Hennigsdorf
Name: Klubhaus »Hans Beimler«
Gebaut: 1952
Architekt: Alfred Malpricht
Träger: VEB Lokomotiv-Elektrotechnische Werke (LEW) Hennigsdorf, Stadt

Techn. Angaben: großer Saal mit ca. 270 Pl., Ballettsaal, Musikzimmer, Bibliothek, Klubräume

Allg. Angaben: Eines von ursprünglich zwei Betriebskulturhäusern in der Stadt; weitgehend in Originalausstattung erhalten; vielfältige Nutzung durch die Stadt

Heringsdorf

Name: Kulturhaus

Gebaut: 1948-1949

Architekt: Rudolf Adolf Schwanz

Träger: Sowjetarmee (bis 1950), Gemeinde

Techn. Angaben: Theatersaal mit 750 Pl., Empore, Musiksalon, Klubräume, Gaststätte

Allg. Angaben: Der Bau entstand im Auftrag der Sowjetarmee auf dem Baugrund des einstigen Heringsdorfer Strandcasinos (1946 abgebrannt) u. diente ihr bis 1950 als Teil eines Sanatoriums für kriegsverwundete Offiziere; das Giebelrelief wurde von einer Greifswalder Künstlerin gefertigt; die z.T. aufwendigen u. dekorativen Lampen wurden von einer Bansiner Firma hergestellt; das Haus lag mehrere Jahre brach und wird seit 1995 saniert; im Rahmen einer Spielbank geplant als Veranstaltungsort

Hirschberg

Name: Kulturhaus der Lederfabrik Hirschberg

Gebaut: 1948-1949

Architekten: Hans Grotewohl und andere Studenten unter Anleitung Hermann Henselmanns; ausführende Architekten: Karl Kickebusch, Walter Stamm

Träger: VEB Lederfabrik, Stadt

Techn. Angaben: gr. Saal mit 708 Pl., Rang, Oberlichtfoyer, Klubräume, Gastronomie

Allg. Angaben: war am Verfallen; ohne Saalbestuhlung; wird von der Stadt saniert (neue Heizungsanlage); Nutzungskonzept sieht private Disco vor; Umbau des Saals in zergliederte Sitzgruppen (Stand 1994)

Hoyerswerda

Name: Kultur- und Sporthalle »Alfred Scholz«

Gebaut: um 1960

Architekt: unbekannt

Träger: Stadt

Techn. Angaben: großer Saal mit 1.500 Pl., Parkett, Klubräume, Gastronomie

Allg. Angaben: Typenbau in Mastenbauweise; lange Zeit der einzige größere Veranstaltungsort der Planstadt Hoyerswerda; Wirkungsort Brigitte Reimanns; liegt als Ruine brach

Ilmenau

Name: Festhalle Ilmenau

Gebaut: 1937-1938

Architekt: Ernst Flemming

Träger: Stadt

Techn. Angaben: Saal mit ca. 950 Pl., Rang mit 326 Pl., Klubräume, Gaststätte

Allg. Angaben: Nationalsozialistischer Repräsentationsbau; bis heute weitergenutzt; wichtiger Veranstaltungsort der Stadt

Jena

Name: Volkshaus

Gebaut: 1903

Architekt: A. Roßbach

Träger: Carl-Zeiss-Stiftung

Techn. Angaben: großer Saal mit ca. 800 Pl., Parkett, Galerie-Rang, kleiner Saal mit ca. 100 Pl., Gastronomie mit 350 Pl., Schäfersaal mit 100 Pl., großer Foyerbereich

Allg. Angaben: seit 1934 Sitz der Jenaer Philharmoniker; polit. u. gesellschaftl. Veranstaltungsort (u.a. 1905 SPD-Parteitag); Volksbildungsort; im Oberlichtsaal des Volkshauses berühmte Ausstellungen des Kunstvereins Jena (u.a. E. Munch, E. L. Kirchner, F. Hodler, T. van Doesburg); Ernst-Abbe-Bibliothek; seit 1991 an die Stadt verpachtet; seit 1993 Sitz der Jenaer Philharmonie; Nutzung: Kongresse, Konzerte u.ä.

Johanngeorgenstadt

Name: Kulturhaus »Karl Marx«

Gebaut: 1956

Architekt: unbekannt

Träger: SAG Wismut, Stadt

Techn. Angaben: großer Theatersaal mit ca. 700 Pl., Klubräume, Gastronomie, div. Zirkel

Allg. Angaben: im Rahmen des Sonderbauprogramms Wismut als Teil eines Wohngebiets entworfen; die freie Wählergemeinschaft der Stadt kämpft um den Bestand des Hauses; 1994 nicht genutzt, doch vom früheren Leiter und von Anwohnern provisorisch vor dem Verfall geschützt; kleine Videothek

Kruge-Gersdorf

Name: Kulturhaus

Gebaut: 1952-1953

Architekten: Wilhelm Flemming, Fritz Lehmann

Träger: MAS Kruge-Gersdorf, Gemeinde

Techn. Angaben: großer Saal mit ca. 500 Pl., Parkett, Klubräume, Bibliothek, Gastronomie

Allg. Angaben: MAS-Kulturhaus in einem Musterdorf der kollektivierten Landwirtschaft; nach zwischenzeitlicher Nutzung durch Privatunternehmer wieder Eigentum der Gemeinde

Küstrin-Kietz

Name: »Haus der Eisenbahner«

Gebaut: um 1954

Architekt: unbekannt

Techn. Angaben: großer Saal mit ca. 350 Pl., Parkett, Klubräume, Gaststätte

Allg. Angaben: diente der Bahnhofsbelegschaft als Kultur- u. Sozialgebäude (Essenversorgung); Unterhaltsprobleme; 1995 verwüstet

Leinefelde

Name: Mehrzweckhalle

Gebaut: 1972-1974

Architekten: E. Reibnagel, G. Hoberg

Techn. Angaben: Saal mit ca. 800 Pl., Parkett, Empore mit ca. 300 Pl., Gaststätte mit 460 Pl.

Allg. Angaben: Mehrzweckbau: 60% Sport, 40% Kultur u. Diverses

Leuna

Name: Kulturhaus der Werktätigen »Walter Ulbricht«
Gebaut: 1927-1928, 1946-1948 Wiederaufbau, 1956 Fertigstellung des Bühnenhauses
Architekten: Neumann, Rämmler (Wiederaufbau)
Träger: VEB Leuna-Werke »Walter Ulbricht«, LVG Leuna-Vermögensverwaltung GmbH

Techn. Angaben: großer Saal mit ca. 800 Pl., Parkett, kl. Saal, Ballettsaal, Klubräume, Bibliothek, Gaststätte

Allg. Angaben: eines der frühesten von der sowjetischen Militäradministration eingerichteten Kulturhäuser; derzeit umfangreiche Sanierung

Ludwigsfelde

Name: Kulturhaus »Arthur Ladwig«
Gebaut: 1956-1959
Architekt: Erich Wachlin
Träger: IFA-Automobilwerk, Stadt

Techn. Angaben: großer Saal mit ca. 650 Pl., Parkett, Rang, Klubräume, Gaststätte

Allg. Angaben: Originalausstattung vorhanden; wird von der Stadt genutzt

Magdeburg

Name: Kulturhaus »AMO«, »AMO« Kultur- und Kongreßhaus
Gebaut: 1950-1951
Architekten: Pohl und Gespann
Träger: Schwermaschinenbaukombinat »Ernst Thälmann« (SKET), Stadt

Techn. Angaben: großer Saal mit mind. 1.000 Pl., Parkett, kl. Ballett- u. Musiksaal, Klubräume, Gaststätte

Allg. Angaben: wichtiger Veranstaltungsort für Magdeburg mit vielfältigen Kultur- u. Freizeitangeboten; intensiv kommerziell u. stadtkulturell genutzt

Merkers

Name: Kulturhaus, Werra-Rhön-Halle
Gebaut: 1952-1954
Architekt: Eichwald
Träger: Kalibetrieb »Werra«-FDGB, Gemeinde

Techn. Angaben: Saal mit ca. 500 Pl., Parkett, Gaststätte, Klubräume

Allg. Angaben: eines von drei Kulturhäusern im größten Kalirevier der DDR; wird von der Gemeinde genutzt; Gaststätte an Privat verpachtet

Mestlin

Name: Kulturhaus
Gebaut: 1952-1957
Architekten: Erich Bentrup, Günter Kawan
Träger: MTS Mestlin, privat

Techn. Angaben: gr. Saal mit ca. 500 Pl., Parkett, Klubräume, kl. Saal, Gaststätte, Bibliothek

Allg. Angaben: im Zuge einer Idealplanung eines zentralen Ortes als Bestandteil einer fast städtischen Platzanlage im Dorfkern gelegen; galt als Musterdorf im Sinne der angestrebten Überwindung des Stadt-Land-Gegensatzes; Umbau des Saals zur Diskothek, Gaststätte geschlossen; konnte nie durch die Gemeinde allein genutzt und getragen werden; für große Veranstaltungen wurde Publikum aus fernergelegenen Gemeinden mit Bussen herangefahren

Mühlhausen

Name: Kultur- und Sportstätte »Am Schwanenteich«, Kulturstätte »Schwanenteich«
Gebaut: 1898, 1967 Rekonstruktion u. Umbau
Architekt: unbekannt
Träger: Stadt

Techn. Angaben: Saal mit 665 Pl., Parkett, Empore mit 146 Pl., Café, Gaststätte, Freiterrasse

Allg. Angaben: typischer Umbau im Stile der 60er Jahre; Sport-, Konzert-, Theater- u. Filmveranstaltungen

Murchin

Name: Kulturhaus der MAS »Matyas Rakosi«, »Hyper Dome«-Diskothek
Gebaut: 1952-1954
Architekten: Gräning, Golzow, Schewe
Träger: MAS Murchin, privater Betreiber

Techn. Angaben: großer Saal mit ca. 450 Pl., Parkett, Klubgaststätte, Hörsaal, Klubräume, Bibliothek

Allg. Angaben: ein Geschenk des Ministeriums für Land- und Forstwirtschaft der DDR an die MAS Murchin als Auszeichnung im landesweiten Wettbewerb um die beste Maschinenausleihstation; dekorative Ausmalung der ehem. Klubgaststätte mit Wand- u. Deckenfresken (von H. Wegehaupt, Otto Manigk, Manfred Kandt), die das Thema deutsch-ungarische Freundschaft zum Inhalt haben; Relief am linken Seitenflügel der Hausfront von Walter Bullert; Umbau zur Großdiskothek (mit einem Einzugsgebiet bis nach Hamburg u. Berlin), daneben div. Klub- u. Musikräume

Neuhaus am Rennweg

Name: Kulturhaus
Gebaut: 1950-1953, 1968-1974 Anbau von Gaststätte und Bibliothek
Architekten: Herbert Fleischhauer; Gustav Schmidt (Anbau)
Träger: Stadt

Techn. Angaben: gr. Saal mit ca. 500 Pl., Parkett, Empore, Klubräume, Gaststätte, Bibliothek

Allg. Angaben: wird von der Stadt genutzt

Neuruppin

Name: Kulturhaus »Stadtgarten«
Gebaut: 1897, Umbau 1967-1969
Architekt: unbekannt
Träger: Stadt

Techn. Angaben: Saal mit ca. 650 Pl., Parkett, Rang mit 200 Pl., Klubräume, Gaststätte

Allg. Angaben: typischer Umbau der 60er Jahre; Tanzgruppen, Film- und Fotozirkel, Tonstudio; vielfältige Unterhaltungsangebote u. Verkaufsmessen

Parchim
Name: Stadthalle
Gebaut: nach 1984
Architekt: unbekannt
Träger: Stadt

Techn. Angaben: Saal mit ca. 400 Pl., kl. Saal, Klubräume, Gastronomie

Allg. Angaben: bemerkenswerte bildkünstlerische Gestaltung im Foyer; wird weiterhin genutzt

Pfiffelbach
Name: Kulturhaus, Kongreßzentrum
Gebaut: 1989
Architekt: LPG Pfiffelbach
Träger: Gemeinde

Techn. Angaben: großer Saal mit max. 750 Pl., Parkett, Klubraum, großes u. kleines Restaurant, Gästezimmer

Plauen
Name: Stadthalle
Gebaut: 1989 eingeweiht
Architekt: unbekannt
Träger: Stadt

Techn. Angaben: großer Saal, Gaststätte, Klubräume

Allg. Angaben: größter Veranstaltungsort Plauens; an der Stelle der alten Stadthalle errichtet; Ort für Fernsehaufzeichnungen

Plessa
Name: Kulturhaus
Gebaut: 1956-1958
Architekt: Erich Graf
Träger: VEB Kraftwerk Plessa, Gemeinde

Techn. Angaben: gr. Saal mit ca. 450 Pl., Parkett, kl. Saal, Klubräume, Gaststätte

Allg. Angaben: auf der Grundlage einer kompakten Typenvariante entwickelt; weitgehend im Originalbestand erhalten; wird von der Gemeinde genutzt

Rathenow
Name: Kulturhaus »Johannes R. Becher«, Kreiskulturhaus
Gebaut: 1956-1958
Architekten: Martin Buchsteiner, Wilfried Brennecke
Träger: Stadt

Techn. Angaben: Theatersaal mit 794 Pl., kl. Saal mit 200 Pl., Klubräume

Allg. Angaben: nach Typenmodell der Deutschen Bauakademie entwickelt; von der Stadt genutzt

Rüdersdorf
Name: Kulturhaus »Martin Andersen Nexö«
Gebaut: 1954-1956
Architekt: Emil Leibold
Träger: VEB Zementwerke Rüdersdorf, Stadt

Techn. Angaben: gr. Saal mit ca. 550 Pl., Parkett, kl. Saal mit ca. 120 Pl., Klubräume, Bibliothek, Gastronomie im großen Vestibül möglich

Allg. Angaben: in der Meisterwerkstatt I der Dt. Bauakademie unter Leitung H. Henselmanns entworfen; klassizierendes Kulturhaus in weißem Rüdersdorfer Zement; bedeutender Veranstaltungsort für Stadt u. Umland; weitgehend im Originalzustand; reiche Sammlung von Zeugnissen der Hausgeschichte

Ruhla
Name: Kulturhaus »Klement Gottwald«
Gebaut: 1949-1951
Architekt: Hermann Räder
Träger: SAG Uhrenwerk Ruhla, Uhrenwerke Ruhla, Stadt

Techn. Angaben: Saal mit ca. 300 Pl., Parkett, Bibliothek, Gaststätte

Allg. Angaben: auf Weisung der SAG Uhren- und Maschinenfabrik Ruhla entstanden; von der Stadt weiter genutzt

Schkopau
Name: Kulturhaus »Haus der Freundschaft« der Buna Werke
Gebaut: 1952-1958
Architekten: Hauser, Reinhardt
Träger: VEB Chemische Werke Buna

Techn. Angaben: großer Theatersaal mit 748 Pl., Konzertsaal mit ca. 250 Pl., Ballettsaal, Klubräume, große Gaststätte

Allg. Angaben: wird kaum noch genutzt; interessante, dekorative Innenausstattung im Original erhalten; bemerkenswerter Saal in schlichter Architektur mit eigenwilligen Neonlüstern und hervorragender Akustik

Seelow
Name: Kulturhaus »Erich Weinert«, Kreiskulturhaus
Gebaut: 1954-1957
Architekt: Hans-Jürgen Kluge
Träger: Stadt

Techn. Angaben: großer Saal mit ca. 500 Pl., Parkett, kleiner Saal mit ca. 180 Pl., diverse Klubräume

Allg. Angaben: nach Typenmodellen der Dt. Bauakademie entworfenes, klassizierendes Kulturhaus; Bronzeplastik auf dem Vorplatz von Walter Kreisel; Erich-Weinert-Büste von Herbert Burschik; Originalausstattung weitgehend erhalten; Nutzung durch die Stadt

Suhl
Name: Kulturhaus »7. Oktober«
Gebaut: 1955-1957
Architekt: Hermann Räder
Träger: Stadt

Techn. Angaben: Theatersaal mit 690 Pl., Kinosaal mit 407 Pl., große Vorhalle, Klubräume, Café

Allg. Angaben: durch die Stadt genutzt

Tangerhütte
Name: Kulturhaus
Gebaut: 1932, 1957 Jugendklubhaus, 1977 Um- u. Ausbau, 1986 Bühnenhaus
Architekt: unbekannt
Träger: Stadt

Techn. Angaben: großer Saal mit ca. 500 Pl., Parkett, Klubräume, Gaststätte

Allg. Angaben: typischer Umbau eines älteren »Schützenhauses« im Gestus der 60er Jahre; Funktionsgebäude in den 70er Jahren möglicherweise nach Typenserie angebaut; als Tonnengewölbe geformter Saal; vielfältige Nutzung durch die Stadt

Trebus

Name: Kulturhaus »Haus des Friedens«
Gebaut: 1951
Architekt: unbekannt
Träger: MAS Trebus, Gemeinde

Techn. Angaben: frühes, in moderat modernen Formen gehaltenes Dorfkulturhaus; wird derzeit saniert

Unterwellenborn

Name: Kulturpalast der Maxhütte »Johannes R. Becher«
Gebaut: 1952-1955
Architekten: Hanns Hopp, Josef Kaiser, Thomas Reimer; Parkanlage: Wladimir Rubinow
Träger: VEB Maxhütte Unterwellenborn, Gemeinde, privat

Techn. Angaben: gr. Theatersaal mit ca. 800 Pl., Musiksalon mit ca. 200 Pl., Ballettsaal, Kellergaststätte, Café-Restaurant mit ca. 200 Pl., gr. Seminarraum, Bibliothek, Klub- u. Spielräume, Foyers

Allg. Angaben: reiche Ausstattung; weitläufige Treppenhäuser; ursprünglich geplante Anlage eines Kultur- u. Sportparks nur reduziert ausgeführt; mehr als 50 verschiedene Leuchten und Lüster kamen von Leipziger, Chemnitzer und Ebersbacher Firmen (Standardmodell und Einzelfertigungen); Giebelrelief am Portal u. Mosaiken auf den Kartuschen zwischen den Säulen (Darstellung der fünf Musen); das Haus wurde an einen privaten Nutzer abgegeben; Sanierung im Gange; steht unter Denkmalschutz

Wolfen

Name: Klubhaus der Gewerkschaften »Sella Hasse«, Theater der Werktätigen Wolfen
Gebaut: Ursprungsbau 1927, Wiederaufbau und Erweiterung 1950
Architekt: unbekannt
Träger: Filmfabrik Wolfen, Stadt

Techn. Angaben: großer Theatersaal (mit Empore) mit 900 Pl., kleiner Saal mit ca. 200 Pl., Parkett, große Werkskantine, weitläufiges Foyer, Gaststätte, Klubräume

Allg. Angaben: auf Veranlassung der Sowjet. Militäradministration (SMAD) in einem Altbau eingerichtet; Innenausstattung weitgehend im Originalzustand erhalten; durch die Stadt genutzt

Zehdenick

Name: Tanzrestaurant »Stadtgarten«
Gebaut: Ursprungsbau 1912, Umbauten um 1968
Architekt: unbekannt
Träger: Stadt, privat

Techn. Angaben: Saal mit ca. 300 Pl., Parkett, Rang, Gastronomie

Allg. Angaben: typische Umbauvariante der 60er Jahre; ungewöhnlicher Umbau des Saals mit Holzverkleidung, aufwendiges Dekor, bemerkenswerte Beleuchtung; in Pacht mit vielfältigem Veranstaltungsprogramm

Zeitz

Name: Kulturhaus »Marx-Engels«, Hyzet-Clubhaus
Gebaut: 1949-1951
Architekt: W. Müller, Metz
Träger: SAG Hydrierwerk Zeitz, Stadt

Techn. Angaben: großer Saal mit ca. 1.000 Pl., Parkett, Rang, kleiner Saal, Klub- u. Spielräume

Allg. Angaben: gut erhaltener Bestand der ursprünglichen Ausstattung; Nutzung durch Stadt und Werk

Zinnowitz

Name: Kulturhaus
Gebaut: 1953-1957
Architekten: W. Litzkow, G. Ulbrich, G. Möhring, K. Hämmerling
Träger: SAG Wismut, Gemeinde, z.Zt. keine

Techn. Angaben: großer Theatersaal mit 900 Pl., Speisesaal mit 400 Pl., Restaurant, Klubräume

Allg. Angaben: als Kulturhaus für die Betriebsferienheime der SAG Wismut in hart klassizierenden Formen errichtet; liegt seit mehreren Jahren brach; nur notdürftig gesicherte Ruine ohne Inventar

Zwickau

Name: Kulturhaus »Neue Welt«, Konzert- und Ballhaus »Neue Welt«
Gebaut: 1902-1903, 1977-1980 eingeschossiger Anbau mit Foyer u. Gaststätte
Architekten: Johannes Henning; Jürgen Thiele, Karl-Heinz Barth (Anbau)
Träger: Stadt

Techn. Angaben: großer Saal mit umlaufenden Galerien mit ca. 3.000 Pl., Parkett, großes Foyer mit ca. 200 Pl., Klubraum, Gaststätte mit ca. 130 Pl.

Allg. Angaben: größter Terrassensaal Sachsens mit wertvoller Jugendstilornamentik und -ausstattung; Mitte der 80er Jahre restauriert; repräsentativer Veranstaltungsort

Weiterführende Literatur

Außer den zitierten Quellen wurde folgende Literatur verwendet:

De Michelis, Marco: Deutsche Volkshäuser. Zur Frage einer monumentalen Architektur der Moderne, Berlin/Venedig 1986 (unveröff. Manuskript)

Deutsche Bauakademie. Forschungsinstitut für die Architektur der Bauten der Gesellschaft und Industrie: Bauten der Gesellschaft. Richtlinien und Schemapläne für die Projektierung und den Bau von Schulen, Kindergärten, Klubhäusern, Landambulatorien und Betriebspolikliniken, Berlin 1954

Fiege, Leo: Zum Platz territorialer kultureller Einrichtungen im Prozeß der sozialistischen Kulturentwicklung, Berlin 1977

Flierl, Bruno: Das Kulturhaus in der DDR, in: Dolff-Bonekämper, Gabi, Kier, Hiltrud (Hg.): Städtebau und Staatsbau im 20. Jahrhundert, München/Berlin 1996

Gieseler, Eberhard: Sozialistische Brigaden und ihr Kulturhaus. Über den wechselseitigen Einfluß zwischen den gewerkschaftlichen Klub- und Kulturhäusern und den sozialistischen Brigaden, Berlin 1966

Gorzka, Gabriele: Arbeiterkultur in der Sowjetunion. Industriearbeiterklubs 1917-1929. Ein Beitrag zur sowjetischen Kulturgeschichte, Berlin 1986

Hanke, Helmut: Freizeit in der DDR, Berlin 1979

Höhn, Walter: Wölferbütt und seine Dorffestspiele, Suhl 1986

Hopfgarten, Heinz: Volkshäuser in der Geschichte der deutschen Arbeiterbewegung, Leipzig 1965

Ideen muß man haben. Aus dem Tagebuch des Dorfklubs Erxleben, o.O. o.J. [1963]

Klubwissenschaft I und II. Zentralhaus für Kulturarbeit der DDR, Leipzig 1975

Knopf, Gerhard: Handbuch für den Kulturfunktionär. Teil I, Berlin 1958

Die Kulturhäuser zu Volkshäusern entwickeln. Referat, Diskussion und Schlußwort der zentralen Arbeitstagung der Leiter der Kreiskulturhäuser am 3. und 4. Dezember 1962 in Berlin, Berlin 1963

Leglisé, Lothar, Simon, Manfred: Gestaltung von Jugendklubs. Ratschläge für den Um- und Ausbau ehrenamtlich geleiteter Jugendklubeinrichtungen, Leipzig 1987

Marohn, Heinz: Die Volkshäuser. Aufgaben und Wirkung,. Reihe: Sozialistische Kulturpolitik – Theorie und Praxis. III. 4., o.O. o.J.

Marohn, Heinz Zur Entwicklung von Klubs und Kulturhäusern in der Deutschen Demokratischen Republik. Eine kulturgeschichtliche Untersuchung, Diss., Humboldt-Universität Berlin 1980

Melzer, Rudolf, Risse, Herbert: Das Klubhaus – ein kulturelles Zentrum. Berlin 1959

Moller, Heinz: Studie, Problemstellung für die Erarbeitung einer Prognose der Entwicklung der Kulturhäuser im Gesamtsystem der Kultur- und Bildungseinrichtungen der DDR, Zentralhaus für Kulturarbeit der DDR, Berlin 1968

Nähter, Joachim u.a.: Ländliche Kultureinrichtungen. Grundlagen für den Neubau und die Rekonstruktion von Kulturbauten, Berlin 1976

Neue Menschen feiern auf neue Weise. Gedanken und Hinweise zu sozialistischen Lebensfeiern, o.O. o.J.

Neues Leben im sozialistischen Dorf. Unionsfreunde berichten von der Kulturarbeit auf dem Lande, o.O. 1963

Thuner, Helmuth, Reichert, Herbert: Schemapläne für Kulturhäuser, in: Deutsche Architektur (1953), H. 3, S. 166-172

Veränderer des Lebens. Verband Deutscher Konsumgenossenschaften. Berlin 1962

Danksagung

Der Dank der Autoren gilt folgenden Institutionen und Personen, die mit einer Spende die Entstehung des Buches unterstützt haben:
Investitionsbank Berlin, Hegli Verwaltungsgesellschaft mbH, Pro Financial Consulting GmbH, Beratungsgesellschaft für Stadterneuerung und Modernisierung mbH, Schüßler-Plan Ingenieurberatung GmbH sowie Frau Renate Franke und Herrn Christian von Oppen.

Für freundliche Unterstützung danken wir:
Frau Arnoschd, Beatrice Babin, Harald Baum, Jutta Bernstein (IRS Erkner), Rainer Blankenburg, Heinz Günther Brosowski (Kulturhaus Großenhain), Frau Bürker (Kulturhaus Leuna), Herrn Landrat Dr. Bräutigam (Güstrow), Peggy Braun (Kreiskulturhaus Seelow), Marco De Michelis (Universität Venedig), Burkhardt Duhm (Bauhaus Dessau), Jürgen Ehle, Frau Eisentraut (Kreiskulturhaus Rathenow), Thomas Eschenhagen, Detlef Fiedler, Herrn Gericke (Kulturamt Hennigsdorf), Elisabeth Große-Venhaus, Claudia und Mathis Hain, Ulrich Hartung, Daniela Haufe, Wolfgang Hogen (Kultur- und Kongreßzentrum Gera), Wolfgang Kil, Herrn Krause (Kulturamt Ilmenau), Klaus Küvers, Günther Loos (Werra-Rhön-Halle, Merkers), Ronald Lang (Gasthof »Zum Kulturhaus«, Teterow), Frau Dr. Lehmann (Kurverwaltung Heringsdorf), Dolores Mieth, Peter Mönnig (Kulturhaus Aue), Frank-Heinrich Müller, Burkhardt Neie, Palamedes e.V., Herrn Bürgermeister Pietsch (Ruhla), Iris Reuther (Leipzig), Herrn Sauer (Küstrin-Kietz), Maritta Schieferdecker (Gröditz), Elke Schulz, Helga Schulz, Jörg Stahl (Kulturhaus »Stadtgarten«, Neuruppin), Arvid und Uldis Stoeppler, Dagnija Stoeppler, Günter Tiede (»AMO« Kultur- und Kongreßhaus Magdeburg), Frau Pankow (Stadtarchiv Magdeburg), Jan Wesemann, Gerhard Wöge (Kulturhaus »Stadtgarten«, Zehdenick), Zentralklinik Bad Berka GmbH.

Mit Kritik, Anregungen, Hinweisen auf weitere Häuser, Architekten und Planunterlagen wende man sich an die Wissenschaftlichen Sammlungen des Instituts für Regionalentwicklung und Strukturplanung (IRS), Flakenstraße 27-29, 15537 Erkner, Tel. 03362/793280.

Angaben zu den Autoren

Simone Hain, geb. 1956, Dr. phil., Studium der Kunstgeschichte in Brno/ČSSR, wiss. Assistentin an der Humboldt-Universität Berlin und der Bauakademie der DDR, Promotion 1987, seit 1992 Leiterin des Forschungsschwerpunkts Neuere Planungsgeschichte am Institut für Regionalentwicklung und Strukturplanung in Erkner bei Berlin, 1995-1996 Gastprofessur an der Kunsthochschule Berlin-Weißensee, Mitarbeit im Beirat für Baudenkmale beim Berliner Senator für Stadtentwicklung und Umweltschutz. Zahlreiche Veröffentlichungen zur Architektur-Avantgarde und zur Baugeschichte der DDR.

Stephan Stroux, geb. 1945, Studium der Philosophie und Kunstgeschichte in Köln, Regie- und Schauspielausbildung in Wien, seit 1966 Tätigkeit als Schauspieler, Dramaturg, Regisseur und Schauspieldirektor an zahlreichen deutschen Bühnen, fünfjähriger Lehrauftrag an der Universität München, Auslandsinszenierungen und Theaterprojekte in Portugal, Holland, Chile, Namibia, 1993-1995 Arbeit an einem Theaterprojekt zur Reaktivierung von 35 Kulturhäusern in Ostdeutschland, 1996 Inszenierung von Hans Magnus Enzensbergers *Der Untergang der Titanic* in Montréal.

Michael Schroedter, geb. 1952, 1967 Kurs im Fotozirkel des Kulturhauses Elektrokohle Lichtenberg, ab 1969 Ausbildung und Tätigkeit als Elektromonteur, 1982-1986 Mitarbeiter beim Filmarchiv der DDR, seit 1983 nebenberufliche Tätigkeit als Fotograf in der Musik- und Theaterszene, 1986-1987 Fotograf beim Verlag Volk und Welt, 1987-1991 Fotograf bei der Akademie der Wissenschaften der DDR, seit 1992 freier Fotograf. Seit 1990 u.a. zahlreiche Arbeiten zum Thema »Kulturlandschaft Neue Länder«.

Ortsregister

Seitenzahlen in kursiver Schreibweise verweisen auf eine Bildunterschrift bzw. auf eine Anmerkung.

Aachen 36
Annaberg 45
Anvers 90
Apolda 54
Ascona *134*
Aue 45, *68f.*, 120, *135ff.*, *178*

Bad Berka *28f.*, *178*
Bad Lobenstein 20
Bad Peterstal 35
Bamberg 42
Basel 119
Berlin 33, 35, 37, 40, 41, 93, 106, 107, 113, 130, 133, 140, *142*, 144, *145*, 148
Berlin-Bohnsdorf *102*, *103*, 107
Berlin-Falkenberg 102
Berlin-Lichtenberg *175*
Berlin-Marzahn 145, 177
Berlin-Mitte *172f.*, *176*
Berlin-Prenzlauer Berg 107
Berlin-Treptow *174*
Berlin-Weißensee *174*
Binz 35
Bitterfeld 35, 38, 39, 40f., 54, *72f.*, *83*, 115, 116, 117, 120, 132, 134
Böhlen 33, *58f.*, *64f.*, 112, 115, 117, *118*, 119, *120*
Boitzenburg *167*
Bradford 89
Brandenburg 48
Breslau 93

Brüsewitz 166
Brüssel 95, 96
Buenos Aires 34
Buna 41, 112, 115

Calbe 54
Chemnitz 37, 44, 51, 112, 145
Chemnitz-Siegmar *62*, 112, 116, 124, 126

Dessau 120
Detmold 42
Dresden 120, 142
Dronten 145

Edinburgh 89
Eisenhüttenstadt 117
Erfurt 46, 93
Espenhain 54, *62f.*

Falkenberg 103, 107
Firostefani 40
Frankfurt a. M. *103*
Frankfurt/Oder 42, 54
Friedrichshain 109
Fürstenwalde *51*

Genthin 134
Gera *30ff.*, 145
Gera-Lusan 147
Gispersleben 112
Glasgow 89
Glienicke 144
Görlitz 42f.
Gotha *16*, 47
Greifswald 107

Gröditz 54, 116, *140*
Großenhain 57, *66f.*, *178*
Güstrow *170*, *178*

Hagenwerder 54
Halle 40, 91, 92, 94, 110, 132
Halsbrücke 54, 124
Hamburg 93
Harbke *84f.*, *178*
Hellerau *61*, 100, *101*, 102, 103, 113
Hennigsdorf 117, *154*, *178*
Heringsdorf 112, 116, 126, *164f.*
Hersfeld 47
Hirschberg *21*, 44f., 112, 116
Hoyerswerda *70*, 111, 134

Ilmenau *20*, 46
Ilsenburg 124

Jena *18f.*, 41, 47, 91
Jena-Göschwitz 54
Johanngeorgenstadt 56

Karl-Marx-Stadt 145
Königsberg 36
Köpenick 112
Kruge-Gersdorf 35, 39, *154*
Kühlungsborn 137
Küstrin-Kietz 36f., 54, *154f.*

Lauchhammer *123*, 124ff.
Leeds 89
Leinefelde *30*
Leipzig 37, 44, 49, *91*, 93, 110, 111, 145

Leuna 74, *107*, 115, 117
Liverpool 89
Ludwigsfelde *160f.*
Lübeck 92

Magdeburg 54, *82*
Mailand *89*
Meißen 36, 111
Merkers 49, 117
Mestlin 37, 38, 124, *167*
Moskau 48, *113*, 132
Mühlhausen *17*
München 33
Murchin 124ff., 126, *162f.*, *168f.*

Neubrandenburg 120
Neuruppin *152*
Nordhausen *106*, *112*
Nünchritz *147*

Parchim 37, *171*
Pfiffelbach *30*
Pfullingen 91
Pirna 104

Plauen *70f.*, *145*
Plessa 35, 37, 124, *158f.*
Potsdam 112
Potsdam-Babelsberg 92
Prag 39

Radebeul 112, 117
Rathenow 124ff., *150f.*, *178*
Remscheid 48
Riesa 93, 111, 136
Rommberg 45
Rostock 38, 111, 112, 145
Rotterdam *95*
Rüdersdorf 35, *51*, 124ff., *125*, *156f.*
Ruhla *20*, 47ff., 120

Saalfeld 46
Santorin 40
Schkopau 41, *86ff.*, 89
Schwedt 145
Schwerin 37, 38
Seelow 36, 111, 124ff., *139*, *158*
Stendal 39
Stralsund 38

Strausberg 144
Stuttgart 91
Suhl *28*, 124ff., 145

Tangerhütte 39, *74f.*
Tangermünde 39
Torgau *144*
Trebus 120, *152*
Trinwillershagen 38
Tübingen 40

Unterwellenborn *14f.*, *22-27*, 38, *45*, 46, 51, 54, 124, 125, *126-131*, *178*

Viguča *95*

Waldau 145
Wolfen 39f., *76f.*, 117, *178*
Worms 91

Zehdenick *152f.*
Zeitz 42, *78-81*, 120
Zinnowitz 54, 116
Zwickau 43, *60*

Bildnachweis

Farbaufnahmen der Kulturhäuser stammen von Michael Schroedter und entstanden zwischen Dezember 1993 und Juni 1996.

Schwarz-Weiß-Abbildungen:
Archiv Simone Hain, Berlin: S. 102 o., 102 u., 118 r.o., 118 r.u., 133 l.o., 140 l., 140 r.
Bildarchiv des Instituts für Regionalentwicklung und Strukturplanung (IRS), Erkner: S. 103 l.o., 106 u., 107, 113 u., 119 u., 121 l.o., 121 2.v.u.l., 130 l., 130 r., 133 l.m., 133 l.u., 133 r., 142 o., 142 u., 144 l.o., 144 2.v.o.l., 144 2.v.u.l., 144 l.u., 144 r.o., 145 l.o.
Deutsche Fotothek, Dresden: S. 118 l., 119 o.
Kulturhaus Aue: S. 135, 136 o., 136 u., 137 o., 137 u., 139 l.o., 139 r.
Schroedter, Michael, Berlin: S. 121 2.v.o.l., 121 l.u., 121 r., 190 o., 190 u.
Steinitz, Maria, Berlin: S. 190 m.

Trotz größter Sorgfalt konnten die Urheber des historischen Bildmaterials nicht in allen Fällen ermittelt werden.
Es wird gegebenenfalls um Mitteilung gebeten.